KB267661

손끝으로 채우는 영어 필사 시리즈 1

셜록 홈즈 : 주홍색 연구 영어 필사

A Study In Scarlet

• 지은이 - 아서 코난 도일 (Sir Arthur Conan Doyle) •

Arthur Conan Doyle, 1859년 5월 22일 ~ 1930년 7월 7일

1859년 스코틀랜드 에든버러에서 태어났다. 세계적인 추리 소설 셜록 홈즈 시리즈를 탄생시킨 소설가이자 의사이다. 의학을 전공하고 선박회사의 선의로 취업했으나 한 번의 항해 이후 선의를 그만두고 의사로 개업했다. 의사로 일하며 틈틈이 쓰기 시작한 소설이 셜록 홈즈 시리즈이다. 1887년 <주홍색 연구>를 출간했고 1891년부터 <셜록 홈즈의 모험>을 <스트랜드 매거진>에 연재하며 대중들에게 선풍적인 인기를 끌었다. 홈즈 소설에 싫증을 느끼고 '셜록 홈즈'가 아닌 다른 작품도 쓰고 싶어서 <마지막 사건>에서 홈즈를 죽게 하며 시리즈를 끝낸다. 하지만 당시 독자들의 항의와 부활시켜달라는 부탁 및 극성팬들의 협박 편지에 시달리다가, <빈집>에서 홈즈를 다시 살려내며 시리즈를 재개했다. 1930년에 71세로 사망했다.

• 옮긴이 - 윤정 •

연세대학교 한국학협동과정에서 한국어교육 석사 학위를 취득했으며, 한국어교육과 문학 연구 및 번역, 창작, 교육 활동을 이어가고 있다. 영국과 일본과 같은 해외 거주 경험을 바탕으로 『500일의 영국』 『영국 일기』 『한 달의 홋카이도』 를 썼다.

• 번역 감수 - 알렉산더 루이스 (Alexander Lewis) •

영국 카디프 대학(Cardiff University)에서 통번역 석사 학위를 취득한 영국 웨일즈 출신의 번역가이자 CELTA(Certificate in Teaching English to Speakers of Other Languages) 자격을 보유한 영어 교육 전문가이다. 영문학과 영국 문화에 대한 깊은 이해를 바탕으로 본 번역의 감수를 맡았으며, 번역의 정확성과 자연스러움을 검토하는 역할을 했다. 또한, 셜록 홈즈 특유의 문체와 뉘앙스가 원래의 의도대로 전달될 수 있도록 조언하였다.

손끝으로 채우는 영어 필사 시리즈 1

셜록 홈즈 : 주홍색 연구 영어 필사

A STUDY IN SCARLET

아서 코난 도일 지음 | 윤정 옮김

세나북스

프롤로그

영어를 공부하는 사람들이 어떻게 하면 영어를 더 재미있게 공부할 수 있을까? 이런 고민을 하다 이 책을 기획하고 만들게 되었습니다.

영어 문장은 한국어와 어순이 다릅니다. 진부한 예시이지만, 영어 문장 "I went to school with my friend yesterday"는 한국어 문장 "나는 어제 나의 친구와 함께 학교에 갔다"로 번역됩니다. 한국어로 영어 문장의 어순을 살펴보면, "나는 갔다 -에 학교 -와 나의 친구 어제"가 될 것입니다. 복잡하게 번역 과정을 거치지 않고 자연스럽게 영어가 이해되도록 영어 공부를 할 수는 없을까요?

영어를 있는 그대로 이해하고 자유롭고 편안하게 구사하기 위해서는 한국어, 또는 모국어가 아닌 영어적인 사고가 필요합니다. 영어적인 사고 능력을 키우려면 영어 문장과 영어로 쓰인 책을 많이 읽고, 영어로 된 음성을 많이 들으며, 영어로 하는 대화에 많이 참여하는 수밖에는 없을 겁니다. 하지만 재미없는 글을 읽고 재미없는 문장을 들으며 공부하면 어떤 열정적인 학습자라도 금방 흥미가 떨어지고 맙니다. 꾸준히 공부할 수 있어야 하고 그러기 위해서는 재미있는 교육 콘텐츠가 필수겠지요.

언어 교육 연구자들은 '재미있는' 교육 제재를 만들고 학습자의 흥미를 일으키기 위한 교육 방법을 여러 갈래로 연구해 왔습니다. '재미'란 무엇일까요? 다시 한번 처음과 같은 질문을 해봅니다. 어떻게 하면 영어를 더 재미있게 공부할 수 있을까요? 학습자마다 기호가 다르고 관심사가 다르기에 모두에게 해당하는 답은 없을지도 모르겠습니다.

하지만 문학, 그리고 재미있는 이야기는 대부분의 사람에게 재미와 감동으로 다가오는 보편적인 콘텐츠입니다. 게다가 문학에 등장하는 문법과 어휘의 양은 방대하며 그 수준도 정교하고 세련된 형태입니다. 어떤 교육 자료도 이런 관점에서 문학의 장점을 뛰어넘지 못합니다.

문학이라는 정교한 예술 작품과 함께 재미있게 언어를 공부한다면 여러분의 언어 능력은 향상될 수 있습니다. 하지만 혼자서 원서로 된 문학을 읽을 때는 여러 어려움이 따릅니다. 특히 낯선 어휘를 만날 때는 주춤하기 마련입니다. 매번 단어 검색하기도 번거로운 일이지요. 또한, 원서로 된 문학 작품을 읽고 나면 '와! 끝났다'하는 뿌듯한 마음도 들지만, 책 속의 어휘와 문법을 제대로 공부했다는 생각이 잘 들지 않습니다.

하지만 영어 원서 옆에 학습자가 필사할 수 있는 공간이 마련되어 있다면 어떨까요? 바로바로 문장을 따라 쓰며 낯선 언어와 씨름해 보는 시간! 조용히 머리를 굴려 가며 언어의 뜻을 상상해 보는 시간! 이런 시간이 조금씩 모이다 보면 언어 실력이 눈에 띄게 향상될 겁니다.

본 필사책에는 영어 단어와 함께 한국어 번역이 수록되어 있습니다. 먼저 영어 문장을 본 후에 해석해 보세요. 그리고나서 영어를 따라 써 보세요. 조금 어렵다고 느껴지면 한국어 번역을 참고해 주세요. 공부에 시간이 걸린 문장이 있더라도 그만큼 오래 기억에 남아서 여러분의 몸과 마음에 남는 문장이 될 것입니다. 클래식하고 수려한 영국식 영어 문장을 따라 적으며 영어와 한층 더 가까워지는 시간이 되길 바랍니다.

여러분의 영어 공부를 응원하며
윤정 드림

목차

프롤로그 6

효과적인 필사책 사용법 9

『셜록 홈즈 : 주홍색 연구』 작품 설명 10

1부. 육군 의무부 소속 존 H. 왓슨 박사의 회고록

CHAPTER I. MR. SHERLOCK HOLMES 14

1장. 셜록 홈즈 씨

CHAPTER II. THE SCIENCE OF DEDUCTION 56

2장. 추론의 과학

CHAPTER III. THE LAURISTON GARDENS MYSTERY 112

3장. 로리스턴 가든 사건

CHAPTER IV. WHAT JOHN RANCE HAD TO TELL 176

4장. 존 랜스의 증언

『셜록 홈즈 : 주홍색 연구』 뒷이야기 216

번역에 대하여 219

효과적인 필사책 활용법

베껴쓰기 본문

먼저 영어로 된 소설 본문을 읽어봅니다.

필사하는 페이지

본문을 천천히 따라 써 봅니다. 쓰면서 소리 내 읽으면 더 좋습니다.

CHAPTER I. MR. SHERLOCK HOLMES

In the year 1878 I took my degree of Doctor of Medicine of the University of London, and proceeded to Netley to go through the course prescribed for surgeons in the army. **Having completed** my studies there, I was duly attached to the Fifth Northumberland Fusiliers as Assistant Surgeon. The regiment was stationed in India at the time, and before I could join it, the second Afghan war had broken out. On landing at Bombay, I learned that my corps had advanced through the passes, and was already deep in the enemy's country. I followed, however, with many other officers who were in the same situation as myself, and succeeded in reaching Candahar in safety, where I found my regiment, and at once entered upon my new duties.

1장. 셜록 홈즈 씨

1878년에 나는 런던 대학교에서 의학 박사 학위를 받았고 육군 군의관 과정을 위하여 네틀리로 갔다. 그곳에서 공부를 마친 후 부군의관으로 노섬벌랜드 제5 퓨질리어 보병 연대에 정식으로 배정되었다. 그 당시 이 연대는 인도에 있었는데 내가 들어가기도 전에 제2차 영국-아프가니스탄 전쟁이 일어났다. 봄베이에 내리자마자 내 연대가 관문을 뚫고 진격하여 적국 깊숙이 있다는 것을 알게 되었다. 그러나 나는 나와 같은 상황인 다른 장교들과 함께 칸다하르까지 안전하게 다가가는 데 성공하였고 그곳에서 나의 연대를 만나 나의 새로운 임무를 시작하게 되었다.

주홍색 연구 A Study In Scarlet

□ proceed 진행하다　□ go through 통과하다, (절차를) 거치다　□ duly 적절히, 예상대로　□ attach 소속시키다　□ regiment (군대의) 연대　□ station 배치하다　□ on ~ing ~하자마자　□ corps 군단　□ duty 의무, 임무　□ Having p.p ~ , … ~을 마친 후, … 하다

한글 번역문

영어로 된 소설을 번역해 보고 한글 번역문을 보면서 맞는지 확인해 봅니다.

본문 단어장

본문에 나오는 주요 단어의 뜻과 단어에 관한 부연 설명이 나와 있습니다.

「주홍색 연구」는 세계적인 추리 소설의 대가 아서 코난 도일의 '셜록 홈즈' 시리즈 중 첫 번째 장편 소설입니다. 소설은 1부와 2부로 나뉘는데, 1부에서는 왓슨 박사가 런던에서 만난 친구를 통해 셜록 홈즈를 룸메이트로 소개받고 베이커가 221B에 함께 살게 되는 이야기가 펼쳐집니다. 왓슨 박사는 다소 독특한 분위기를 가진 셜록 홈즈의 정체를 궁금해합니다. 그리고 곧 그가 사립 탐정으로서 다양한 사람들의 의뢰를 받고 있다는 사실을 알게 되고 뛰어난 추리력에 감탄합니다. 두 사람은 그렉슨 형사의 편지를 받고 미스터리한 사건을 해결하기 위해 함께 로리스턴 가든으로 떠납니다. 셜록 홈즈는 사건 현장을 관찰하고 경찰의 증언을 확보하며 점점 사건의 실마리를 잡게 됩니다. 그리고는 마침내 범인, 제퍼슨 호프를 검거하는 데 성공합니다. 2부에서는 범인인 제퍼슨 호프가 어떻게 범행을 계획하게 되었는지 과거의 이야기부터 시작하여 현재에 이르기까지의 서사가 세세하게 그려집니다. 그리고 제퍼슨이 마차 안에서 범행을 자백하며 셜록 홈즈의 뛰어난 추리가 모두 맞았음이 밝혀집니다. 안타깝게도 사건을 해결한 공적은 모두 두 형사의 공으로 돌아가고 마는데, 셜록 홈즈는 이에 대해 별 반응을 보이지 않습니다. 이 모든 것을 관찰하고 경험한 왓슨 박사가 셜록 홈즈의 추리 및 사건에 대한 회고록을 남기기로 하며 이야기는 마무리됩니다. 본 필사책에는 1부의 1장부터 4장까지만 수록되어 있습니다. 셜록 홈즈와 왓슨 박사가 처음으로 만나서 인사하는 장면, 두 사람이 함께 살게 되는 이야기와 형사의 사건 의뢰 편지를 받고 기묘한 살인 사건을 조사하러 떠나는 이야기, 그리고 사건의 중요한 목격자인 존 랜스의 증언을 듣는 장면까지가 등장합니다. 셜록 홈즈의 사건 추리 과정을 왓슨 박사의 시선으로 따라가 보며 추리의 재미, 그리고 영어의 재미를 함께 느낄 수 있습니다.

일러두기

영어 원작의 목차는 다음과 같고 이 책에는 Part I(1부)의 내용만 수록되어 있습니다. Part I의 내용 중에서도 5~7장은 본문에서 다루지 않고 『셜록 홈즈 : 주홍색 연구』 뒷이야기(216페이지)에서 그 내용만 요약해서 게재했습니다. 뒷이야기에는 '2부. 성자의 나라'의 내용 요약도 들어 있습니다.

Part I
(Being a reprint from the Reminiscences of JOHNH. WATSON, M.D., Late of the Army Medical Department.)

PART II. THE COUNTRY OF THE SAINTS

1부. 육군 의무부 소속 존 H. 왓슨 박사의 회고록
(전 육군 의무부 소속 존 H. 왓슨 박사의 회고록에서 발췌함)

2부. 성자의 나라

등장인물

* 셜록 홈즈 : 런던 베이커 거리 221B에 사는 뛰어난 추리 솜씨의 사립 탐정
* 존 H. 왓슨 : 의사이자 전 육군 군의관으로 셜록 홈즈의 룸메이트가 된 후 그와 관련한 회고록을 남긴다.
* 그렉슨 : 런던 경찰청 경감으로 레스트레이드와 라이벌 관계
* 레스트레이드 : 런던 경찰청 경감으로 그렉슨과 라이벌 관계

Part 1

육군 의무부 소속
존 H. 왓슨 박사의
회고록

CHAPTER I. MR. SHERLOCK HOLMES

In the year 1878 I took my degree of Doctor of Medicine of the University of London, and proceeded to Netley to go through the course prescribed for surgeons in the army. **Having completed** my studies there, I was duly attached to the Fifth Northumberland Fusiliers as Assistant Surgeon. The regiment was stationed in India at the time, and before I could join it, the second Afghan war had broken out. On landing at Bombay, I learned that my corps had advanced through the passes, and was already deep in the enemy's country. I followed, however, with many other officers who were in the same situation as myself, and succeeded in reaching Candahar in safety, where I found my regiment, and at once entered upon my new duties.

1장. 셜록 홈즈 씨

1878년에 나는 런던 대학교에서 의학 박사 학위를 받았고 육군 군의관 과정을 위하여 네틀리로 갔다. 그곳에서 공부를 마친 후 부군의관으로 노섬벌랜드 제5 퓨질리어 보병 연대에 정식으로 배정되었다. 그 당시 이 연대는 인도에 있었는데 내가 들어가기도 전에 제2차 영국-아프가니스탄 전쟁이 일어났다. 봄베이에 내리자마자 연대가 관문을 뚫고 진격하여 적국 깊숙이 있다는 것을 알게 되었다. 그러나 나는 나와 같은 상황인 다른 장교들과 함께 칸다하르까지 안전하게 다가가는 데 성공하였고, 그곳에서 우리 연대를 만나 나의 새로운 임무를 시작하게 되었다.

□ proceed 진행하다 □ go through 통과하다, (절차를) 거치다 □ duly 적절히, 예상대로 □ attach 소속시키다 □ regiment (군대의) 연대 □ station 배치하다 □ on ~ing ~하자마자 □ corps 군단 □ duty 의무, 임무 □ Having p.p.~ , ⋯ : ~을 마친 후, ⋯ 하다

The campaign brought honours and promotion to many, but for me it had nothing but misfortune and disaster. I was removed from my brigade and attached to the Berkshires, with whom I served at the fatal battle of Maiwand. There I was struck on the shoulder by a Jezail bullet, which shattered the bone and grazed the subclavian artery. I **should have fallen** into the hands of the murderous Ghazis **had it not been for** the devotion and courage shown by Murray, my orderly, who threw me across a pack-horse, and succeeded in bringing me safely to the British lines.

그 원정은 많은 사람들에게 명예와 승진을 가져다주었지만, 나에게는 불운과 재앙만 남았다. 나는 여단에서 배속 해제되어서 버크셔 연대로 전근되었고, 그들과 함께 치명적인 마이완드 전투에 참전했다. 그때 제자일 총탄에 어깨를 맞아 뼈가 으깨졌고, 쇄골 밑의 동맥이 스칠 정도의 부상을 입었다. 만약 나의 당번병인 머리(Murray)의 헌신과 용기가 없었더라면, 나는 잔혹한 이슬람 군사들의 손아귀로 떨어졌을 것이다. 그러나 머리가 나를 짐 싣는 말에 실어 주었고 무사히 영국군 진영으로 데려와 주었다.

□ campaign 원정, 군사 작전 □ brigade 여단 (군사 조직) □ Jezail 제자일 (긴 총의 종류) □ graze 살짝 긁히다, 스치다 □ subclavian 쇄골 아래의 □ murderous 잔혹한 □ Ghazi 가지, 이슬람 군사 (19세기 영국-아프가니스탄 전쟁에서 영국군 입장에서 적군이었다) □ orderly 당번병, 병실 담당자 □ should have p.p. ~ had it not been for A : A기 없었더라면 ~했을 수 있다

Worn with pain, and weak from the prolonged hardships which I had undergone, I was removed, with a great train of wounded sufferers, to the base hospital at Peshawar. Here I rallied, and had already improved so far as to be able to walk about the wards, and even to bask a little upon the verandah, when I was struck down by enteric fever, that curse of our Indian possessions. For months my life was despaired of, and when at last I came to myself and became convalescent, I was so weak and emaciated that a medical board determined that not a day should be lost in sending me back to England. I was dispatched, accordingly, in the troopship "Orontes," and landed a month later on Portsmouth jetty, **with my health** irretrievably **ruined**, but **with permission** from a paternal government to spend the next nine months in attempting to improve it.

고통에 지치고 그동안 겪은 고난으로 몸이 약해진 나는, 많은 부상자들과 함께 페샤와르에 있는 기지의 병원으로 옮겨졌다. 이곳에서 나는 회복하여 병동을 걸을 정도로 나아졌으며 심지어는 베란다에서 조금 햇볕을 쬐기도 하였다. 이때 인도령의 저주라고 하는 장티푸스에 걸리고 말았다. 몇 달 동안 내 건강은 절망적인 상황이었지만 마침내 의식을 되찾고 회복되었을 때 나는 너무나 약하고 수척한 상태였다. 그래서 의무국은 나를 영국으로 보내는 날을 하루도 지체할 수 없다고 결정하였다. 그래서 나는 '오론티스'라는 군함에 실려 영국으로 보내져 한 달 후에 포츠머스 부두에 상륙했다. 이때 나의 건강은 이미 회복하기 어려울 정도로 엉망이었으나 정부의 관대한 허가를 받아 9개월 동안 건강을 회복하기 위해 전념할 수 있었다.

I had **neither** kith **nor** kin in England, and was therefore as free as air—or as free as an income of eleven shillings and sixpence a day will permit a man to be. Under such circumstances, I naturally gravitated to London, that great cesspool into which all the loungers and idlers of the Empire are irresistibly drained. There I stayed for some time at a private hotel in the Strand, leading a comfortless, meaningless existence, and spending such money as I had, considerably more freely than I ought. So alarming did the state of my finances become, that I soon realized that I must **either** leave the metropolis and rusticate somewhere in the country, **or** that I must make a complete alteration in my style of living. Choosing the latter alternative, I began by making up my mind to leave the hotel, and to take up my quarters in some less pretentious and less expensive domicile.

나는 잉글랜드에 친척이나 아는 사람이 없었으므로 공기처럼 자유로웠다. 또는 하루 11실링 6펜스의 지급액이 허락하는 만큼만 자유로웠다. 그런 상황에서 자연스럽게 런던으로 향했다. 런던은 전국의 떠돌이, 한량이 저절로 흘러 들어가는 거대한 시궁창 같은 곳이었다. 나는 스트랜드의 개인 호텔에서 얼마간 시간을 보내며 편안하고 의미 없이 지냈고 가지고 있던 돈을 써야 할 것보다 상당히 더 자유롭게 사용했다. 재정 상황이 악화되자 나는 곧 런던을 떠나 시골 어딘가에서 살거나 혹은 생활 방식을 근본적으로 고쳐야 한다는 것을 깨달았다. 후자를 선택한 나는 호텔에서 떠나기로 마음을 먹고 덜 과시적이고 덜 비싼 숙소로 거처를 옮기기로 다짐했다.

□ kith and kin 친지들과 친척들 □ permit 허락하다 □ cesspool 오수 구덩이(오물통) □ lounger 떠돌이 □ idler 한량, 게으름뱅이 □ irresistibly 저항할 수 없이 □ drain 흘러 나가다 □ rusticate 시골에서 살다 □ alteration 변화, 고침 □ take up one's quarters 숙소를 잡다, 체류하다 □ pretentious 허세 부리는, 가식적인 □ domicile 거주지 □ neither A nor B 둘 중 어느 것도 아니다 (부정) □ either A or B : 둘 중 어느 하나, 둘 다 (긍정 or 부정)

On the very day that I had come to this conclusion, I was standing at the Criterion Bar, when some one tapped me on the shoulder, and turning round I recognized young Stamford, who had been a dresser under me at Barts. The sight of a friendly face in the great wilderness of London is a pleasant thing indeed to a lonely man. In old days Stamford had never been a particular crony of mine, but now I hailed him with enthusiasm, and he, in his turn, appeared to be delighted to see me. In the exuberance of my joy, I asked him to lunch with me at the Holborn, and we started off together in a hansom.

이런 결론에 다다른 어느 날, 크라이티리언 바에 서 있는데 어떤 사람이 내 어깨를 톡톡 건드리기에 뒤를 돌아보니 그는 바츠 병원에서 나의 수술 조수로 일하던 스탬퍼드라는 청년이었다. 거대한 황야 같은 런던이라는 곳에서 익숙한 얼굴을 보는 것이 외로운 사람에게 얼마나 기쁜 일인지. 예전에 스탬퍼드는 나와 특별히 친한 사이는 아니었으나 지금 나는 열정으로 가득 차 그를 환영했고 그 역시 나를 만나서 기쁜 것처럼 보였다. 나도 너무 기뻐서 그에게 홀본에서 점심을 함께하자고 했고 우리는 이륜마차를 타고 출발했다.

□ tap 톡톡 두드리다　□ dresser 조수　□ Barts 세인트바솔로뮤, 영국의 오래된 병원　□ particular 특정한　□ crony 친구(현대 영어에서는 부정적 의미로 사용)　□ hail N with enthusiasm ~을 열광적으로 환영하다　□ exuberance (exuberant 활기 넘치는)의 명사형　□ exuberance of joy 넘치는 기쁨　□ hansom (cab) 2륜마차(말 한 필이 끄는 2인승 2륜 마차)

"Whatever have you been doing with yourself, Watson?" he asked in undisguised wonder, as we rattled through the crowded London streets. "You are **as thin as a lath and as brown as** a nut." I gave him a short sketch of my adventures, and had hardly concluded it by the time that we reached our destination. "Poor devil!" he said, commiseratingly, after he had listened to my misfortunes. "What are you up to now?" "Looking for lodgings," I answered. "Trying to solve the problem as to whether it is possible to get comfortable rooms at a reasonable price." "That's a strange thing," remarked my companion; "you are the second man to-day that has used that expression to me." "And who was the first?" I asked.

"왓슨, 그동안 무슨 일이라도 있었습니까?" 그는 궁금함을 감추지 않고 물었다. 복잡한 런던 시내를 달리고 있는 중이었다. "나무 막대기처럼 야윈 데다가 호두처럼 갈색빛인데요." 나는 그에게 나의 모험을 간단하게 들려주었고 결론에 다다르기도 전에 우리는 목적지에 도착했다. "안 됐네요!" 나의 불행한 이야기를 들은 그는 위로하듯 말했다. "지금은 뭐하고 지내요?" "하숙할 곳을 찾고 있어." 나는 대답했다. "편안한 방이지만 합리적인 가격인 곳을 찾는 중이야." "이상한 일이네요." 그가 말했다. "저에게 오늘 그런 말을 한 건 당신이 두 번째예요." "또 누가 있어?" 내가 물었다.

□ undisguised 감추지 않은 □ rattle 달가닥거리다 □ crowded 붐비는, 사람 가득한 □ lath 가느다란 나무 막대기 □ nut 호두, 견과 □ commiserate 위로를 표하다 □ lodging 임시 숙소, 셋방 □ reasonable 합리적인 □ as A as B : B처럼 A한

"A fellow who is working at the chemical laboratory up at the hospital. He was bemoaning himself this morning because he could not get someone to go halves with him in some nice rooms which he had found, and which were too much for his purse." "By Jove!" I cried, "if he really wants someone to share the rooms and the expense, I am the very man for him. I should prefer having a partner to being alone." Young Stamford looked rather strangely at me over his wine-glass. "You don't know Sherlock Holmes yet," he said; "perhaps you would not care for him as a constant companion." "Why, what is there against him?" "Oh, I didn't say there was anything against him. He is a little queer in his ideas—an enthusiast in some branches of science. As far as I know he is a decent fellow enough." "A medical student, I suppose?" said I.

"병원 화학 실험실에서 일하는 친구입니다. 오늘 아침에 그가 불평하기를 같이 살 사람을 찾을 수 없다는 겁니다. 그가 좋은 방을 찾았지만, 그의 주머니 사정으로는 여의치가 않다고요." "뭐라고?" 내가 외쳤다. "그가 정말로 집세를 나눠 낼 사람을 찾고 있다면, 내가 그에게 적합한 사람일 거야. 나도 혼자 있는 것보다는 룸메이트가 있는 편이 나을 테니까." 스탬퍼드는 와인잔 너머로 나를 이상한 듯이 쳐다보았다. "셜록 홈즈를 아직 잘 모르시잖아요." 그가 말했다. "어쩌면 그를 같이 오래 지낼 동료로 하기는 싫으실 수도 있습니다."

"왜, 무슨 나쁜 점이라도 있나?"

"아, 나쁜 점이 있다는 건 아닙니다. 그는 조금 특별한 구석이 있어요. 과학 분야에 대해 미친 듯이 열광하죠. 제가 알기로는 그는 꽤 점잖은 사람입니다."

"의대생인가, 아마?" 내가 물었다.

□ laboratory 실험실　□ bemoan 한탄하다　□ by jove (놀람의 표현) 어이쿠
□ constant 지속되는　□ companion 동반자, 친구　□ queer 기묘한, 괴상한
□ enthusiast 열광적인 팬　□ As far as I know 제가 알기로는　□ decent 괜찮
은, 품위 있는　□ I suppose 내 생각에, 아마도

"No—I have no idea what he intends to go in for. I believe he is well up in anatomy, and he is a first-class chemist; but, as far as I know, he has never taken out any systematic medical classes. His studies are very desultory and eccentric, but he has amassed a lot of out-of-the way knowledge which would astonish his professors."

"Did you never ask him what he was going in for?" I asked. "No; he is not a man that it is easy to draw out, though he can be communicative enough when the fancy seizes him." "I should like to meet him," I said. "If I **am to lodge** with anyone, I should prefer a man of studious and quiet habits. I am not strong enough yet to stand much noise or excitement. I had enough of both in Afghanistan to last me for the remainder of my natural existence. How could I meet this friend of yours?"

"아니요, 그가 뭘 하려는 건지 저도 잘 모르겠습니다. 그는 해부학에 능하고, 화학자로는 일급입니다. 하지만 제가 아는 한 체계적인 의학 수업을 이수한 적은 없을 겁니다. 그의 연구는 매우 두서없고 괴짜인 편입니다만 그의 교수들을 놀라게 할 만한 많은 특이한 지식들을 축적했습니다." "그에게 무엇을 하고 있는지 물어본 적은 없나?" 내가 물었다. "아니요, 그는 입을 쉽게 열지 않는 사람입니다. 가끔 그가 원할 때만 대화를 나누기 좋을 정도가 되기도 하지만요." "한번 만나보고 싶군." 내가 말했다. "만약 누군가와 함께 살게 된다면, 학구적이고 조용한 취미를 가진 사람이 좋을 것 같네. 아직 소음이나 흥분을 견딜 만큼 회복이 되지 않았어. 그런 것들은 아프가니스탄 전쟁에서 충분히 겪었어, 남은 인생에 더 이상은 필요 없을 정도로. 자네 친구를 만나려면 어떻게 해야 하나?"

□ anatomy 해부학 □ chemist 화학자 □ systematic 체계적인 □ desultory 두서없는 □ eccentric 괴짜인 □ amass 축적하다 □ out of the way 이상한 □ draw out 생각이나 느낌을 표현하도록 돕다 □ fancy 원하다, 욕망 □ seize 붙잡다 □ be to ~려고 하다, ~해야 한다 □ lodge 셋방을 얻다, 하숙하다 □ studious 학구적인 □ stand 견디다 □ last 남다 □ be to : ~하려고 하다, ~해야 하다 (예정, 의무, 가능성, 의도)

"He is sure to be at the laboratory," returned my companion. "He either avoids the place for weeks, or else he works there from morning to night. If you like, we shall drive round together after luncheon." "Certainly," I answered, and the conversation drifted away into other channels.

As we made our way to the hospital after leaving the Holborn, Stamford gave me a few more particulars about the gentleman whom I proposed to take as a fellow-lodger. "You mustn't blame me if you don't get on with him," he said; "I know nothing more of him than I have learned from meeting him occasionally in the laboratory. You proposed this arrangement, so you must not hold me responsible." "If we don't get on it will be easy to part company,"

"그는 분명 실험실에 있을 겁니다." 나의 동료가 대답했다. "그는 몇 주나 그 장소를 피해 있거나, 아니면 아침부터 밤까지 그곳에서 일하고 있거든요. 원하시면, 점심 후에 함께 가볼까요?" "물론이지." 내가 대답했고 대화는 다른 주제로 흘러갔다.

홀번을 떠나 병원으로 가는 길에, 스탬퍼드는 내가 함께 지낼 예정인 신사에 대해 몇 가지 상세한 점을 알려주었다. "그와 잘 지내지 못하더라도 저를 탓하진 말아 주세요." 그가 말했다. "저는 실험실에서 가끔 만난 것 외에는 그에 대해 잘 모릅니다. 왓슨 씨가 이 만남을 제안했으니까, 책임을 저에게 돌리시면 안 됩니다." "우리가 잘 지내지 못한 다면 같이 지내지 않으면 그만이네."

□ drift away 떠내려가다, 다른 곳으로 흐르다　□ particulars 상세　□ get on with 잘 지내다　□ occasionally 가끔　□ temper (화를 내는) 성질

I answered. "It seems to me, Stamford," I added, looking hard at my companion, "that you have some reason for washing your hands of the matter. Is this fellow's temper so formidable, or what is it? Don't be mealy-mouthed about it." "It is not easy to express the inexpressible," he answered with a laugh. "Holmes is a little too scientific for my tastes—it approaches to cold-bloodedness. I could imagine his giving a friend a little pinch of the latest vegetable al-kaloid, not out of malevolence, you understand, but simply out of a spirit of inquiry in order to have an accurate idea of the effects. To do him justice, I think that he would take it himself with the same readiness. He appears to have a passion for definite and exact knowledge." "Very right too."

내가 대답했다. "나에게는 말이야, 스탬퍼드." 나의 동료를 응시하며 덧붙였다. "자네가 이 문제에 대해 손을 씻고 싶어 하는 어떤 이유가 있는 것처럼 보여. 그 친구 성질이 어마어마한가, 아니면 뭔가? 솔직히 말해주게." "말로 하기 힘들어서 표현하기가 쉽지가 않습니다." 그가 웃으며 대답했다. "홈즈는 제게는 조금 지나치게 과학적이어서 냉혈한처럼 느껴집니다. 그가 친구에게 최신 식물성 알칼로이드를 한 꼬집 건네주는 모습이 상상이 갑니다, 악의는 전혀 없이, 이해하시지요? 단순한 실험 정신 때문에요, 효과에 대한 정확한 결과를 얻으려고요. 보나 마나, 그 역시 똑같이 복용할 사람이긴 합니다. 그는 확실하고 정확한 지식을 얻기 위한 열정을 가진 사람으로 보입니다." "그건 훌륭하네."

□ formidable 어마어마한 □ mealy-mouthed 솔직히 말하지 않는 □ inex-
pressible 형언할 수 없는 □ malevolence 악의 □ inquiry 연구, 질문

"Yes, but it may be pushed to excess. When it comes to beating the subjects in the dissecting-rooms with a stick, it is certainly taking rather a bizarre shape." "Beating the subjects!"

"Yes, to verify how far bruises may be produced after death. I saw him at it with my own eyes."

"And yet you say he is not a medical student?"

"No. Heaven knows what the objects of his studies are. But here we are, and you must form your own impressions about him." As he spoke, we turned down a narrow lane and passed through **a small side-door, which opened into a wing of the great hospital.** It was familiar ground to me, and I needed no guiding as we ascended the bleak stone staircase and made our way down the long corridor with its vista of whitewashed wall and dun-coloured doors. Near the further end a low arched passage branched away from it and led to the chemical laboratory.

"네, 하지만 조금 지나칠 정도입니다. 해부실에서 막대기로 시신을 때릴 정도면, 확실히 기이한 방식입니다." "시체를 때린다고!" "네, 사후에 멍이 얼마나 생기는지 확인하려고 말입니다. 제 눈으로 똑똑히 보았습니다." "그런데도 의대생은 아니라고?" "아뇨, 그가 무얼 연구하는지는 하늘만 알겠지요. 어쨌든 여기 도착했으니, 직접 보시고 판단하세요." 그가 말했을 때, 우리는 좁은 골목으로 접어들었고 큰 병원의 한쪽 날개로 통하는 작은 옆문을 지나쳤다. 이곳은 나에게는 익숙한 길이었고, 우리가 황량한 돌계단을 올라가고 하얗게 바래진 벽과 회색빛 문이 있는 긴 통로를 따라 걷는 동안 안내는 필요하지 않았다. 멀리 통로의 끝 근처에 낮고 아치형인 통로가 갈라져 나가며 화학 실험실로 이어져 있었다.

□ excess 지나침, 과잉 □ when it comes to ~에 관한 한 □ dissecting-rooms 해부실 □ bizarre 기이한 □ form 형성하다 □ lane 골목, 길 □ pass through 지나치다 □ ascend 오르다 □ bleak 으스스한, 황량한 □ corridor 복도, 통로 □ vista 경치, 풍경 □ whitewashed 희게 칠한 □ dun-coloured 회색빛 □ arched 아치형의 □ passage 통로 □ branch 갈라지다 □ A(명사), which ~ : ~ 하는 A

This was a lofty chamber, lined and littered with countless bottles. Broad, low tables were scattered about, which bristled with retorts, test-tubes, and little Bunsen lamps, with their blue flickering flames. There was only one student in the room, who was bending over a distant table absorbed in his work. At the sound of our steps he glanced round and sprang to his feet with a cry of pleasure. "I've found it! I've found it," he shouted to my companion, running towards us with a test-tube in his hand. "I have found a reagent which is precipitated by hæmoglobin, and by nothing else." Had he discovered a gold mine, greater delight could not have shone upon his features. "Dr. Watson, Mr. Sherlock Holmes," said Stamford, introducing us. "How are you?" he said cordially, gripping my hand with a strength for which I should hardly have given him credit.

천고가 높은 방이었고, 방 안에는 수많은 병이 줄을 서서 지저분히 어질러져 있었다. 넓고 낮은 테이블이 여기저기 흩어져 있었고, 테이블은 증류기, 시험관, 그리고 파란 불꽃이 깜박거리는 분젠 버너들로 가득 차 있었다. 방 안에는 한 명의 연구원만 있었는데 그는 자기 일에 열중하여 멀리 있는 테이블에 허리를 숙이고 있었다. 우리의 발걸음 소리에 그는 돌아보았고 기쁜 소리를 내며 벌떡 일어났다. "찾았어! 찾았어!" 그는 나의 동료에게 소리치며, 한 손에는 시험관을 들고 우리에게 달려왔다. "헤모글로빈에 의해서만 침전되는 시약을 찾았네!" 그가 금광을 발견했더라도 그보다 기쁜 표정을 할 수는 없었을 것이다. "왓슨 박사님, 셜록 홈즈 씨" 스탬포드가 우리를 소개했다. "안녕하십니까?" 그가 친근하게 말하며 나의 손을 움켜쥐었는데, 내가 그로부터는 전혀 예상하지 못한 힘이었다.

□ lofty 높은 □ chamber 방 □ litter 어지럽히다 □ bristle 가득하다 □ re-tort 증류기 □ test-tubes 시험관 □ Bunsen lamp 분젠 버너 □ flicker 깜박거리다 □ absorb 몰두하다 □ spring to one's feet 벌떡 일어서다 □ reagent 시약 □ precipitate 촉발시키다, 침전하다 □ hæmoglobin 헤모글로빈 □ cordially 친근하게 □ grip 꽉 쥐다

"You have been in Afghanistan, I perceive." "How on earth did you know that?" I asked in astonishment. "Never mind," said he, chuckling to himself. "The question now is about hæmoglobin. No doubt you see the significance of this discovery of mine?"

"It is interesting, chemically, no doubt," I answered, "but practically——"

"Why, man, it is the most practical medico-legal discovery for years. Don't you see that it gives us an infallible test for blood stains. Come over here now!" He seized me by the coat-sleeve in his eagerness, and drew me over to the table at which he had been working. "Let us have some fresh blood," he said, digging a long bodkin into his finger, and drawing off the resulting drop of blood in a chemical pipette.

"아프가니스탄에 계셨군요." "도대체 어떻게 알았소?" 나는 깜짝 놀라 물었다. "신경 쓰지 마십시오." 그가 혼자 웃으며 말했다. "지금 문제는 헤모글로빈입니다. 저의 이 엄청난 발견의 중요성을 분명히 아시겠지요?"

"흥미롭습니다, 화학적으로는 틀림없어요." 내가 대답했다. "하지만 실용적인지는……"

"전혀요! 이건 법학과 의학 모두에서 가장 실용적인 발견입니다. 이 발견으로 혈액 얼룩의 확실한 검사가 가능해진다는 걸 모르겠습니까? 이리 와 보세요!" 그가 열정적으로 내 옷소매를 잡아 지금까지 연구하던 테이블로 끌어당겼다. "새로운 혈액으로 시도해 봅시다." 그가 긴 바늘로 그의 손가락을 찔러 그 결과로 나온 한 방울의 혈액을 뽑아 피펫에 담았다.

□ in astonishment 깜짝 놀라며　□ no doubt 틀림없이　□ medio-legal 법학과 의학 모두와 관련있는　□ infallible 확실한　□ blood stain 혈액 얼룩　□ seize 잡다　□ coat-sleeve 옷 소매　□ in one's eagerness 열정적으로　□ bodkin 긴 바늘　□ pipette 피펫(실험실에서 소량의 액체를 위한 작은 관)

"Now, I add this small quantity of blood to a litre of water. You perceive that the resulting mixture has the appearance of pure water. The proportion of blood cannot be more than one in a million. I have no doubt, however, that we shall be able to obtain the characteristic reaction."

As he spoke, he threw into the vessel a few white crystals, and then added some drops of a transparent fluid. In an instant the contents assumed a dull mahogany colour, and a brownish dust was precipitated to the bottom of the glass jar.

"Ha! ha!" he cried, clapping his hands, and looking as delighted as a child with a new toy. "What do you think of that?"

"It seems to be a very delicate test," I remarked.

"이제, 이 소량의 혈액을 일 리터의 물에 넣겠습니다. 보시는 것처럼 두 개가 섞인 결과는 순수한 물처럼 보입니다. 혈액의 비율은 백만 분의 일보다 작을 겁니다. 하지만, 틀림없이, 특징적인 반응을 드러낼 겁니다."

그가 말하며, 소량의 흰 결정체를 그릇 안에 넣고 투명한 유체를 몇 방울 떨어뜨렸다. 그러자 순식간에 내용물은 흐린 마호가니 색을 띠고, 연갈색 먼지가 유리그릇 밑바닥에 침전해 있었다. "하하하!" 그가 손뼉을 치며, 새로운 장난감을 갖게 된 어린아이처럼 기뻐하며 물었다. "어떻게 생각하십니까?"

"매우 정밀한 검사 같군요." 내가 대답했다.

"Beautiful! beautiful! The old Guiacum test was very clumsy and uncertain. So is the microscopic examination for blood corpuscles. The latter is valueless if the stains are a few hours old. Now, this appears to act as well whether the blood is old or new. Had this test been invented, there are hundreds of men now walking the earth who would long ago have paid the penalty of their crimes."

"Indeed!" I murmured. "Criminal cases are continually hinging upon that one point. A man is suspected of a crime months perhaps after it has been committed. His linen or clothes are examined, and brownish stains discovered upon them. Are they blood stains, or mud stains, or rust stains, or fruit stains, or what are they? That is a question which has puzzled many an expert, and why?

"아름답군, 아름다워! 옛날의 과이아컴(Guiacum) 검사는 아주 어설프고 불확실했지요. 혈구를 현미경으로 검사하는 것도 말입니다. 얼룩이 몇 시간만 지나면 나중에는 소용이 없거든요. 하지만, 이 검사를 이용하면 혈액이 오래되었든 새것이든 상관없이 효과가 있을 겁니다. 이 검사가 조금 더 전에 개발되었다면, 지금 태평히 걸어 다니고 있을 수백만 명의 범죄자들이 자신의 죗값을 치렀을 겁니다."

"정말 그렇군요!" 내가 중얼거렸다. "형사 사건들은 항상 한 가지 사실에 좌우되지요. 어떤 남자가 한 범죄의 용의자로 의심받는 건 범죄가 일어난 후 아마 몇 달쯤 후입니다. 그의 속옷이나 옷이 조사되고, 갈색빛 얼룩이 그 위에 발견됩니다. 그들의 혈흔일까요, 아니면 진흙, 녹 얼룩, 과일 얼룩일까, 대체 무엇일까요? 이런 질문은 많은 전문가들을 곤란하게 만들었습니다.

□ clumsy 어설픈 □ microscopic 미세한, 현미경을 이용한 □ blood corpuscles 혈구 □ stain 얼룩 □ rust 녹 □ puzzle 어리둥절하게 만들다 □ fairly 꽤 □ as if 마치 ~인 듯이 □ conjure up ~을 상기시키다

Because there was no reliable test. Now we have the Sherlock Holmes' test, and there will no longer be any difficulty."

His eyes fairly glittered as he spoke, and he put his hand over his heart and bowed **as if to some applauding crowd** conjured up by his imagination. "You are to be congratulated," I remarked, considerably surprised at his enthusiasm.

"There was the case of Von Bischoff at Frankfort last year. He would certainly have been hung had this test been in existence. Then there was Mason of Bradford, and the notorious Muller, and Lefevre of Montpellier, and Samson of New Orleans. I could name a score of cases in which it would have been decisive."

"You seem to be a walking calendar of crime," said Stamford with a laugh. "You might start a paper on those lines. Call it the 'Police News of the Past.'"

왜냐하면 그동안 신뢰할 만한 검사가 없었거든요. 하지만 이제, 우리는 이 셜록 홈즈 검사가 있으니 더 이상의 어려움은 없을 것입니다."

그가 눈을 반짝이며 말하고는 그의 손을 가슴에 대며, 마치 그의 상상 속에 나타난 군중들이 박수라도 치는 듯이 고개 숙여 인사했다. "축하받아야겠군요." 나는 그의 열정에 상당히 놀라 말했다.

"작년에 프랑크푸르트에서는 본 비숍(Von bischoff)이라는 사건이 있었지요. 그는 이 검사가 있었더라면 교수형을 당했을 겁니다. 브래드퍼드의 메이슨(Mason), 악명 높은 뮐러(Muller), 몽펠리에의 르페브르(Lefevre), 뉴올리언스의 샘슨(Samson)도 그렇습니다. 이 검사가 결정적이었을 사건들을 20개쯤 댈 수 있지요."

"걸어 다니는 범죄 달력 같군요." 스탬퍼드가 웃으며 말했다. "아예 그런 기사를 내는 신문을 시작하는 건 어떻습니까? '과거의 경찰 뉴스'라고 이름 짓고요."

"Very interesting reading it might be made, too," remarked Sher-
lock Holmes, sticking a small piece of plaster over the prick on his
finger. "I have to be careful," he continued, turning to me with a
smile, "for I dabble with poisons a good deal." He held out his hand
as he spoke, and I noticed that it was all mottled over with similar
pieces of plaster, and discoloured with strong acids.

"We came here on business," said Stamford, sitting down on a
high three-legged stool, and pushing another one in my direction
with his foot. "My friend here wants to take diggings, and as you
were complaining that you could get no one to go halves with you,
I thought that I had better bring you together."

"꽤 흥미로운 읽을거리가 될 수도 있겠군요." 셜록 홈즈가 작은 반창고를 그의 손가
락에 난 상처에 붙이며 말했다. "조심해야 합니다." 그가 나를 보며 웃으며 말을 이었
다. "독성 물질에 손을 많이 대는 편이니 말입니다." 그가 말하면서 손을 내밀자, 나는
그의 손 곳곳에 비슷한 조그만 반창고들이 강한 산성 물질로 변색된 채 덮여 있는 것을
볼 수 있었다.

"저희는 오늘 일이 있어서 찾아왔습니다." 스탬퍼드가 다리가 세 개인 높은 의자에
앉으며, 또 다른 의자는 내 쪽으로 밀어주며 말했다. "여기 이 친구가 거처를 찾고 있는
데, 홈즈 씨도 방세의 반을 나눌 상대가 없어서 불평하고 있었으니, 둘을 함께 만나게
해주어야겠다고 생각했습니다."

□ plaster 반창고 □ stick 붙이다 □ prick (바늘로) 찌르다, 찔려서 난 상처 □ dabble 손대다 □ a good deal 많이 □ mottle 얼룩덜룩하게 하다 □ acid 산성 □ discolour (영국 영어 표기법) 변색하다 (*미국식 discolor) □ digging 금광을 캐는 행동, 거처 (19세기 영국 영어) □ go halve with 반을 나누다

Sherlock Holmes seemed delighted at the idea of sharing his rooms with me. "I have my eye on a suite in Baker Street," he said, "which would suit us down to the ground. You don't mind the smell of strong tobacco, I hope?"

"I always smoke 'ship's' myself," I answered. "That's good enough. I generally have chemicals about, and occasionally do experiments. Would that annoy you?" "By no means." "Let me see—what are my other shortcomings. I get in the dumps at times, and don't open my mouth for days on end. You must not think I am sulky when I do that. Just let me alone, and I'll soon be right. What have you to confess now? It's just as well for two fellows to know the worst of one another before they begin to live together."

셜록 홈즈는 나와 그의 방을 공유하는 것에 기쁜 듯 보였다. "베이커 가에 제가 보아 둔 방이 있습니다." 그가 말했다. "우리와 아주 완전히 어울리는 곳이지요. 심한 담배 냄새가 나도 괜찮으실까요?" "저도 '쉽스'라는 담배를 항상 피웁니다." 내가 대답했다. "그거 잘됐군요. 화학물질 같은 것도 보통 가지고 있고 가끔 실험들도 합니다만 불편하시지는 않겠지요?" "전혀요." "어디 보자, 다른 단점이 뭐가 있을까. 가끔씩 우울해지고 며칠 동안 입을 열지 않을 때도 있습니다. 그럴 때는 제가 기분 상해 뚱한 것이 아니라는 것을 알아주십시오. 혼자 있게 내버려두면 금방 괜찮아집니다. 선생님께서는 고백할 게 있습니까? 두 사람이 함께 살기 전에 서로에 대해 최악의 면들을 미리 알아두면 좋으니까요."

SHERLOCK HOLMES : A Study In Scarlet

□ suit 어울리다 □ down to the ground 완전히 □ shortcoming 단점 □
down in the dumps 우울한 □ sulky 뚱하다 □ confess 고백하다

I laughed at this cross-examination. "I keep a bull pup," I said, "and I **object to** rows because my nerves are shaken, and I get up at all sorts of ungodly hours, and I am extremely lazy. I have another set of vices when I'm well, but those are the principal ones at present."

"Do you include violin-playing in your category of rows?" he asked, anxiously. "It depends on the player," I answered. "A well-played violin is a treat for the gods—a badly-played one——" "Oh, that's all right," he cried, with a merry laugh. "I think we may consider the thing as settled—that is, if the rooms are agreeable to you." "When shall we see them?"

"Call for me here at noon to-morrow, and we'll go together and settle everything," he answered. "All right—noon exactly," said I, shaking his hand.

나는 반대 심문을 받게 되어 웃음이 나왔다. "저는 어린 불독 한 마리를 기릅니다." 내가 대답했다. "그리고 신경이 예민해서 소란을 싫어하고, 제멋대로인 시간에 일어나고, 또 매우 게으릅니다. 몸 상태가 좋을 때는 다른 나쁜 습관들도 있긴 하지만, 현재로서는 이 정도가 주요 문제입니다."

"바이올린 연주도 소음에 속합니까?" 그가 걱정스럽다는 듯이 물었다. "그건 연주자의 실력에 달렸지요." 내가 대답했다. "훌륭한 바이올린 연주는 신의 선물 같겠지만 형편없는 연주는……" "아, 그러면 괜찮겠네요." 그가 즐겁다는 듯이 크게 웃으며 말했다. "그럼 이 문제는 해결된 것으로 봐도 좋을 것 같군요. 만약 그 방이 마음에 든다면 말입니다." "그럼 보러 갈까요?"

"내일 정오에 여기로 저를 찾으러 오십시오. 함께 가서 모든 걸 정리하면 될 것 같군요." 그가 대답했다. "좋습니다, 정오 말이지요." 내가 그와 악수하며 말했다.

□ cross-examination 반대 심문 □ bull pup 불독 새끼(강아지) □ object to ~에 반대하다, 싫어하다 □ row 소란, 열 □ nerve 신경 □ at an ungodly hour (짜증스럽도록) 아주 이르거나 늦은 시간에 □ vice 비행 □ principal 주요한 □ include 포함하다 □ merry 즐거운 □ settle 해결하다, 정리하다 □ object to ~반대하다, 싫어하다

We left him working among his chemicals, and we walked together towards my hotel. "By the way," I asked suddenly, stopping and turning upon Stamford, "**how the deuce did he know** that I had come from Afghanistan?"

My companion smiled an enigmatical smile. "That's just his little peculiarity," he said. "A good many people have wanted to know how he finds things out."

"Oh! a mystery is it?" I cried, rubbing my hands. "This is very piquant. **I am much obliged to you for bringing us together.** 'The proper study of mankind is man,' you know."

나와 스탬퍼드는 그가 실험용 화학 물질 사이에서 일하도록 두고 내가 묵는 호텔을 향해 함께 걸었다. "그런데 말이야." 내가 갑자기 발걸음을 멈추고 스탬퍼드를 향해 돌아보며 물었다. "그는 도대체 내가 아프가니스탄에서 왔다는 걸 어떻게 안 거지?"

나의 동료는 수수께끼 같은 미소를 지었다. "그건 셜록 홈즈의 작은 특이점이지요." 그가 말했다. "상당히 많은 사람들이 그가 도대체 어떻게 알아내는 것인지 알고 싶어한답니다."

"아, 미스터리라 이건가?" 내가 양손을 비비며 말했다. "아주 흥미진진하군 그래. 우리를 만나게 해 주어서 자네에게 정말 고마워. '인간의 적절한 연구 대상은 인간이지' 안 그런가?"

□ how the deuce…? 도대체 어떻게…?　□ enigmatical 수수께끼 같은　□ peculiarity 특이한 점　□ a good many people 상당히 많은 사람들　□ piquant 흥미진진한　□ obliged to one 감사하다　□ I am much obliged to A for ~ing : ~해서 A에게 고맙다.

"You must study him, then," Stamford said, as he bade me good-bye.

"You'll find him a knotty problem, though. I'll wager he learns more about you than you about him. Good-bye."

"Good-bye,"

I answered, and strolled on to my hotel, considerably interested in my new acquaintance.

"그렇다면 셜록 홈즈에 대해 연구해 보세요." 스탬퍼드가 작별 인사를 하며 말했다.

"복잡한 문제라고 생각할 수도 있지만요. 틀림없이 셜록 홈즈가 왓슨 씨에 대해 알게 되는 것이 왓슨 씨가 셜록 홈즈에 대해 알게 되는 것보다 더 많을 겁니다. 그럼 잘 들어가세요."

"잘 가게."

대답한 후, 오늘 새로 만난 셜록 홈즈라는 친구에 대해 상당한 흥미를 느끼며 호텔 방향으로 걸어갔다.

CHAPTER II. THE SCIENCE OF DEDUCTION

We met next day as he had arranged, and inspected the rooms at No. 221B, Baker Street, of which he had spoken at our meeting. They consisted of a couple of comfortable bed-rooms and a single large airy sitting-room, cheerfully furnished, and illuminated by two broad windows. **So desirable in every way were the apartments**, and so moderate did the terms seem when divided between us, that the bargain was concluded upon the spot, and we at once entered into possession. That very evening I moved my things round from the hotel, and on the following morning Sherlock Holmes followed me with several boxes and portmanteaus. For a day or two we were busily employed in unpacking and laying out our property to the best advantage. That done, we gradually began to settle down and to accommodate ourselves to our new surroundings.

2장. 추론의 과학

그와 약속한 대로 우리는 다음날 만났고, 그가 전에 말한 베이커 가의 221번지에 있는 방을 보러 갔다. 그곳은 안락한 침실 두 개와 환기가 잘 되는 넓은 거실이 하나 있었고, 거실에는 멋진 가구들이 잘 마련되어 있었으며 넓은 창문이 두 개 있어 전체적으로 밝았다. 여러모로 훌륭한 방이었고 둘이 나누어 낸다면 가격도 적당해 보였기에 계약을 그 자리에서 끝내고 우리는 곧바로 입주했다. 그날 저녁 나는 호텔에서 내 물건을 옮겨왔고 다음 날 아침 셜록 홈즈도 여러 상자와 여행 가방을 가져왔다. 하루이틀 동안은 짐을 풀고 최적의 장소에 물건들을 놓느라 매우 바쁘게 움직였다. 이사가 끝나자, 우리는 서서히 자리를 잡기 시작했으며 새로운 환경에 적응해 갔다.

□ airy 환기가 잘 되는, 넓은 □ sitting room 거실 (*영국 영어) □ illuminate 밝히다 □ portmanteaus 대형 여행 가방 □ settle down 정착하다, 자리를 잡다 □ accommodate 수용하다, 숙박하다 □ accommodate 수용하다, 숙박하다 □ So 형용사/부사 + 동사 + 주어 : 너무 ~ 하다 (강조)

Holmes was certainly not a difficult man to live with. He was quiet in his ways, and his habits were regular. It was rare for him to be up after ten at night, and he had invariably breakfasted and gone out before I rose in the morning. Sometimes he spent his day at the chemical laboratory, sometimes in the dissecting-rooms, and occasionally in long walks, which appeared to take him into the lowest portions of the City. Nothing could exceed his energy when the working fit was upon him; but now and again a reaction would seize him, and for days on end he would lie upon the sofa in the sitting-room, hardly uttering a word or moving a muscle from morning to night. On these occasions I have noticed such a dreamy, vacant expression in his eyes, that **I might have suspected him of being addicted** to the use of some narcotic, had not the temperance and cleanliness of his whole life forbidden such a notion.

홈즈는 확실히 함께 살기 어려운 사람은 아니었다. 그는 그 나름대로 조용했으며 습관 또한 규칙적이었다. 그가 밤 10시 이후까지 깨어 있는 일은 거의 없었고, 내가 아침에 일어나기도 전에 늘 아침 식사를 하고는 외출해 있었다. 그는 가끔은 화학 실험실에서 시간을 보냈고, 가끔은 해부실, 또 가끔은 긴 산책을 나갔는데, 그는 런던의 가장 남쪽 지역을 가는듯했다. 작업에 몰두하는 동안 그의 에너지는 어마어마했지만, 이따금씩 어떤 반응이 그를 사로잡으면, 며칠 동안이나 거실의 소파에 누워, 아침부터 밤까지 말 한마디도 하지 않고 근육 하나도 움직이지 않으며 지내곤 했다. 이런 상황이 올 때마다 나는 그의 눈에서 몽롱하고 텅 빈 감각을 느낄 수 있었는데, 나로서는 그가 마약에 중독된 것으로 생각할 뻔했다. 그의 생활에서 보여준 절제와 청결이 내 생각을 막지 않았더라면 말이다.

□ **dissecting-room** 해부실 □ **vacant** 텅 빈 □ **temperance** 절제 □ **notion** 생각, 의견 □ **might have p.p.~ : ~했을지도 모른다**

As the weeks went by, my interest in him and my curiosity as to his aims in life, gradually deepened and increased. His very person and appearance were such as to strike the attention of the most casual observer. In height he was rather over six feet, and so excessively lean that he seemed to be considerably taller. His eyes were sharp and piercing, save during those intervals of torpor to which I have alluded; and his thin, hawk-like nose gave his whole expression an air of alertness and decision. His chin, too, had the prominence and squareness which mark the man of determination. His hands were invariably blotted with ink and stained with chemicals, yet he was possessed of extraordinary delicacy of touch, as I frequently had occasion to observe when I watched him manipulating his fragile philosophical instruments.

몇 주가 지나가며, 그에 대한 나의 관심과 그가 가진 삶의 목표에 대한 궁금증은 점점 더 깊어지고 커져 갔다. 그의 존재 자체와 외모는 우연히 그를 본 사람의 이목도 끌 정도였다. 그는 6피트(약 182cm)를 조금 넘은 데다 지나치게 말랐기에 상당히 키가 커 보였다. 그의 눈은 날카롭고 예리했으나 앞서 언급했던 무기력의 기간은 달랐다. 또한 그의 매부리코 같은 얇은 코는 그의 전체적인 인상에 빈틈없고 결단력 있는 느낌을 주었다. 그의 턱도 마찬가지로 결단력 있는 사람인 것을 보여주듯 존재감 있고 각진 모양이었다. 그의 손은 늘 잉크로 얼룩져 있고 화학물질로 오염되어 있었지만, 그는 섬세한 감각을 가진 사람이었다. 내가 이따금씩 깨지기 쉬운 실험 기구들을 조작하는 그의 모습을 볼 때마다 알 수 있었다.

☐ strike the attention 이목을 끌다 ☐ casual observer 우연히 목격한 사람 ☐ 관찰자 ☐ feet 피트(약 30cm) ☐ excessively 지나치게 ☐ lean 기대다, 호리호리한 ☐ interval 간격 ☐ torpor 무기력 ☐ allude 언급하다 ☐ alertness 빈틈 없음, 경각심 ☐ prominence 명성, 돌출됨 ☐ squareness 각짐 ☐ manipulate 조작하다 ☐ fragile 깨지기 쉬운 ☐ philosophical 철학의, 물리학의

The reader may set me down as a hopeless busybody, when I confess how much this man stimulated my curiosity, and how often I endeavoured to break through the reticence which he showed on all that concerned himself. Before pronouncing judgment, however, be it remembered, how objectless was my life, and how little there was to engage my attention. **My health forbade me from venturing out** unless the weather was exceptionally genial, and I had no friends who would call upon me and break the monotony of my daily existence. Under these circumstances, I eagerly hailed the little mystery which hung around my companion, and spent much of my time in endeavouring to unravel it.

이걸 읽는 사람은 나를 참견하기 좋아하는 형편 없는 사람으로 볼지 모르겠다. 셜록 홈즈가 얼마나 나의 궁금증을 자극하는지, 그리고 그가 자신에 관한 모든 것에 보인 과묵함을 뚫고자 내가 얼마나 노력했는지에 대해 고백한다면 말이다. 하지만 판단을 내리기 전에, 내 삶이 얼마나 목적 없었으며, 나의 관심을 끌 만한 것이 얼마나 적었는지에 대해 기억해 두었으면 한다. 내 건강 상태 때문에 날씨가 특별히 온화하지 않은 이상 밖을 나가는 것은 어려웠고, 내 일상의 단조로움을 깨고 나를 불러 줄 만한 친구도 한 명 없었다. 이런 상황에서 나는 나의 동료 주변을 맴도는 작은 미스터리를 기꺼이 반기게 되었고 그걸 풀어보기 위해 많은 시간을 보낸 것이다.

□ busybody 참견하기 좋아하는 사람 □ stimulate 자극하다, 흥미를 일으키다 □ endeavour 힘껏 노력하다 □ break through 뚫다, 돌파구를 찾다 □ reticence 과묵 □ pronounce judgment 판단을 내리다, 선고하다 □ be it remembered ~ 기억해야 한다. (고전 문어체로 현대 영어에서는 잘 사용되지 않는 표현) □ forbid 금지하다, ~을 못하게 하다 □ venture 모험하듯 가다 □ genial 온화한 □ monotony 단조로움 □ eagerly 간절히, 기꺼이 □ hail 환영하다 □ hang around 주변을 맴돌다 □ unravel 풀다 □ forbid A from B A가 B하지 못하게 하다 (금지하다)

He was not studying medicine. He had himself, in reply to a question, confirmed Stamford's opinion upon that point. Neither did he appear to have pursued any course of reading which might fit him for a degree in science or any other recognized portal which would give him an entrance into the learned world. Yet his zeal for certain studies was remarkable, and within eccentric limits his knowledge was so extraordinarily ample and minute that his observations have fairly astounded me. Surely no man would work so hard or attain such precise information unless he had some definite end in view. Desultory readers are seldom remarkable for the exactness of their learning. **No man** burdens his mind with small matters **unless** he has some very good reason for doing so.

셜록 홈즈는 의학을 공부하고 있지 않았다. 그 점에 대해 그가 직접 질문을 받고 스탬퍼드의 의견을 확인해 주었다. 또한 그는 과학 학위를 위해서나 다른 학문의 세계로 들어갈 수 있는 어떤 공인된 경로를 위한 독서를 해온 것 같지 않았다. 하지만 그가 특정한 학문에 대해 보이는 열정은 놀라울 정도였고, 그의 지식은 괴이한 한계가 있긴 했지만, 대단히 풍부하고 세심하여 그의 관찰은 나를 무척 경악시켰다. 분명 어떤 사람도 분명한 목표가 없다면 그렇게 상세한 정보를 습득하거나 열심히 연구하지 않을 것이다. 목적 없이 책을 읽는 사람들은 그들의 지식의 정확도에 대해서는 훌륭한 편이 아니다. 어떤 사람도 그럴 만한 이유 없이 사소한 문제들로 자신의 마음에 짐을 지우지 않는다.

□ portal 관문　□ zeal 열의　□ eccentric 괴이한　□ ample 풍부한　□ minute 세심한　□ observation 관찰　□ astound 경악시키다　□ attain 획득하다
□ definite end 분명한 목표　□ desultory 목적 없는　□ seldom 거의 ~ 않는
□ No/not/never A unless B : B 하지 않는 한 A 하지 않다

His ignorance was as remarkable as his knowledge. Of contemporary literature, philosophy and politics he appeared to know next to nothing. Upon my quoting Thomas Carlyle, he inquired in the naivest way who he might be and what he had done. My surprise reached a climax, however, when I found incidentally that he was ignorant of the Copernican Theory and of the composition of the Solar System. That any civilized human being in this nineteenth century should not be aware that the earth travelled round the sun appeared to be to me such an extraordinary fact that I could hardly realize it.

"You appear to be astonished," he said, smiling at my expression of surprise. "Now that I do know it I shall do my best to forget it."

"To forget it!"

그의 무지함은 그의 지식만큼이나 놀라운 수준이었다. 현대 문학, 철학, 정치에 대해서는 거의 아무것도 모르는 것처럼 보였다. 내가 토마스 칼라일을 인용하자 그는 천진난만한 태도로 그가 누구이며 어떤 일을 했는지에 대해 물어보았다. 그러나 내가 가장 놀랐던 것은 그가 코페르니쿠스의 이론과 태양계의 구성에 대해서도 모른다는 것을 우연히 알게 되었을 때였다. 19세기에 살고 있는 문명화된 사람이 지구가 태양 주위를 돈다는 사실을 모른다는 것이 나에게는 충격적인 사실이었기에 도무지 믿을 수가 없었다.

"놀란 모양이군." 나의 놀란 표정을 보고 그가 웃으면서 말했다. "이제 알게 되었으니, 될 수 있는 한 잊어버리기 위해 노력해야겠군."

"잊어버린다고?"

☐ next to nothing 없는 것과 다름 없는　☐ naivest (naive의 최상급) 가장 순진한　☐ Copernican Theory 코페르니쿠스 이론(지동설)　☐ Solar System 태양계　☐ be aware 알다

"You see," he explained, "I consider that a man's brain originally is like a little empty attic, and you have to stock it with such furniture as you choose. A fool takes in all the lumber of every sort that he comes across, so that the knowledge which might be useful to him gets crowded out, or at best is jumbled up with a lot of other things so that he has a difficulty in laying his hands upon it. Now the skilful workman is very careful indeed as to what he takes into his brain-attic. He will have nothing but the tools which may help him in doing his work, but of these he has a large assortment, and all in the most perfect order.

"이보게" 그가 설명했다. "난 본래 사람의 두뇌는 작고 텅 빈 다락방과 같다고 생각한다네. 우리는 그 다락방을 우리가 고르는 가구들로 채워야 하네. 멍청한 사람은 그가 맞닥뜨리는 온갖 잡동사니들로 채우겠지. 그렇게 하면 그에게 정작 유용한 지식들은 자리가 없어 나가 버리고, 기껏해야 다른 많은 것들과 뒤섞여서 찾기 어렵게 되겠지. 하지만 숙련된 장인은 자신의 두뇌 다락방에 무엇을 넣을지에 대해 매우 신중하다네. 그는 그의 작업에 도움이 되는 도구만을 보관한다네. 하지만 이런 도구들을 다양한 종류로 가지고 있으며 모든 것이 완벽한 체계로 정리되어 있네.

SHERLOCK HOLMES : A Study In Scarlet

□ lumber 잡동사니 □ at best 기껏해야 □ jumble 뒤섞다 □ lay one's hands upon something 손에 넣다 □ assortment 종류

It is a mistake to think that that little room has elastic walls and can distend to any extent. **Depend upon it** there comes a time when for every addition of knowledge you forget something that you knew before. It is of the highest importance, therefore, not to have useless facts elbowing out the useful ones."

"But the Solar System!" I protested.

"What the deuce is it to me?" he interrupted impatiently; "you say that we go round the sun. If we went round the moon it would not make a pennyworth of difference to me or to my work."

그 작은 방이 늘어나는 벽으로 되어 있어 얼마든지 팽창할 수 있다고 생각하는 것은 잘못된 생각일세. 새로운 지식이 추가될 때마다 우리가 알고 있던 것을 잊어버리게 되는 그런 때가 틀림없이 온단 말이야. 그러니까 쓸모없는 사실들이 유용한 정보들을 밀어내지 않도록 하는 것이 가장 중요한 일일세.

"하지만 태양계는!" 내가 반문했다. "그런 게 나에게 무슨 소용이란 말인가?" 그가 성급하게 내 말을 가로막았다. "자네는 우리가 태양 주위를 돌고 있다고 말하지만 만약 우리가 달의 주위를 돌고 있다고 해도 나와 나의 연구에는 아무런 차이가 없네."

□ **elastic** 탄력적인, 늘어나는 □ **distend** 팽창하다 □ **depend upon(on) it** 확신해도 좋다, 틀림없이 (현대 영어 : You can be sure) □ **addition** 추가 □ **elbow** 밀치다

I was on the point of asking him what that work might be, but something in his manner showed me that the question would be an unwelcome one. I pondered over our short conversation, however, and endeavoured to draw my deductions from it. He said that he would acquire no knowledge which did not bear upon his object. Therefore all the knowledge which he possessed was such as would be useful to him. I enumerated in my own mind all the various points upon which he had shown me that he was exceptionally well-informed. I even took a pencil and jotted them down. I could not help smiling at the document when I had completed it. It ran in this way—

내가 그의 연구가 무엇인지에 관해 물어보려는 찰나, 그의 어떤 태도로 인해 그런 질문을 달가워하지 않는다는 느낌을 받았다. 하지만 나는 우리의 짧은 대화에 대해 곰곰이 생각해 보며 거기에서 어떤 결론을 끌어내어 보고자 노력해 보았다. 그는 자기의 목적과 연관이 없는 지식은 얻을 생각이 없다고 말했다. 그 말은 그가 가지고 있는 모든 지식은 그에게 유용한 정보일 것이다. 나는 마음속으로 그가 나에게 보여 주었던, 그가 특출나게 잘 알고 있는 다양한 항목들을 열거해 보았다. 심지어는 연필도 집어 들어 종이에 적어 보았다. 문서를 완성하고 나니 웃음이 자연스럽게 나왔다. 내가 작성한 목록은 다음과 같았다.

□ ponder 곰곰이 생각하다 □ endeavour 노력하다 □ enumerate 열거하다
□ jot something down (급히) 쓰다

SHERLOCK HOLMES—his limits.

1. Knowledge of Literature.—Nil.

2. Philosophy.—Nil.

3. Astronomy.—Nil.

4. Politics.—Feeble.

5. Botany.—Variable. Well up in belladonna, opium, and poisons generally. Knows nothing of practical gardening.

6. Geology.—Practical, but limited. Tells at a glance different soils from each other. After walks has shown me splashes upon his trousers, and told me by their colour and consistence in what part of London he had received them.

7. Chemistry.—Profound.

8. Anatomy.—Accurate, but unsystematic.

셜록홈즈 - 그의 한계
1. 문학 지식 - 전혀 없음.
2. 철학 - 전혀 없음.
3. 천문학 - 전혀 없음.
4. 정치 - 미약함.
5. 식물학 - 일정하지 않음. 벨라도나, 아편, 일반적 독극물에 대해서는 정통하지만 실제 원예에는 무지함.
6. 지질학 - 실용적이지만 한정적임. 한눈에 서로 다른 토양을 구별함. 산책 후 바지에 묻은 얼룩을 보고 그것의 색과 밀도를 통해 런던의 어느 곳에서 묻은 것인지 말해주었음.
7. 화학 - 정통함.
8. 해부학 - 정확하지만 체계적이지 않음.

9. Sensational Literature.—Immense. He appears to know every detail of every horror perpetrated in the century.

10. Plays the violin well.

11. Is an expert singlestick player, boxer, and swordsman.

12. Has a good practical knowledge of British law.

When I had got so far in my list I threw it into the fire in despair. "If I can only find what the fellow is driving at by reconciling all these accomplishments, and discovering a calling which needs them all," I said to myself, "I may as well give up the attempt at once."

9. 통속 문학 - 해박함. 이번 세기 동안 발생한 모든 범죄의 세부 사항을 모두 알고 있는 듯함.
10. 바이올린 연주에 능숙함.
11. 봉술, 권투, 검술의 전문가.
12. 영국 법률에 대한 실용적인 지식이 있음.

목록에 이 정도 기록했을 때 나는 절망스러워져 불 속에 그것을 던져버렸다. "그 친구가 무슨 일을 하려는지 알아내기 위해 이 많은 재능을 조화시켜야 하고, 또 이런 재능들이 필요한 일이 무엇인지 알아내야 하는데" 나는 혼잣말로 중얼거렸다. "차라리 일찌감치 그만두어버리는 게 낫겠군."

I see that I have alluded above to his powers upon the violin. These were very remarkable, but as eccentric as all his other accomplishments. That he could play pieces, and difficult pieces, I knew well, because at my request he has played me some of Mendelssohn's Lieder, and other favourites. When left to himself, however, he would seldom produce any music or attempt any recognized air. Leaning back in his arm-chair of an evening, he would close his eyes and scrape carelessly at the fiddle which was thrown across his knee. Sometimes the chords were sonorous and melancholy. Occasionally they were fantastic and cheerful. Clearly they reflected the thoughts which possessed him, but whether the music aided those thoughts, or whether the playing was simply the result of a whim or fancy was more than I could determine.

나는 위의 목록에서 그의 바이올린 실력에 대해 언급한 적이 있다. 그의 연주는 매우 훌륭했지만, 다른 재능들처럼 이상한 면이 있었다. 그가 여러 가지 곡들, 아주 어려운 곡들도 연주할 수 있다는 것을 잘 알고 있었다. 왜냐하면 내 부탁을 받고 그가 멘델스존의 가곡이나 다른 내가 좋아하는 곡들을 연주해 준 적이 있었기 때문이다. 그러나 그가 혼자 있을 때는 그는 어떤 음악다운 음악을 연주하거나 잘 알려진 곡을 시도하는 일이 없었다. 저녁이면 안락의자에 기대앉아 눈을 감고 무릎 위에 바이올린을 놓고는 무심하게 활을 긁어대곤 했다. 어떤 날에는 듣기 좋은 구슬픈 음악이었고 때때로 기이하고 명랑했다. 분명 음악들은 그가 가진 생각들을 반영하고 있었지만 음악이 그의 생각을 돕는 것인지, 아니면 단순한 기분 전환이나 공상에서 나온 것인지는 나로서는 알기 어려웠다.

SHERLOCK HOLMES : A Study In Scarlet

I might have rebelled against these exasperating solos had it not been that he usually terminated them by playing in quick succession a whole series of my favourite airs as a slight compensation for the trial upon my patience.

During the first week or so we had no callers, and I had begun to think that my companion was as friendless a man as I was myself. Presently, however, I found that he had many acquaintances, and those in the most different classes of society. There was one little sallow rat-faced, dark-eyed fellow who was introduced to me as Mr. Lestrade, and who came three or four times in a single week. One morning a young girl called, fashionably dressed, and stayed for half an hour or more.

나는 아마 이런 짜증스러운 독주에 반발했을지도 모른다. 만약 그가 연주의 끝에 나의 인내심을 시험한 것에 대한 보상으로 내가 좋아하는 곡들을 연이어 연주해 주지 않았다면 말이다.

첫 일 주일 정도는 우리 모두 찾아오는 사람이 없어서 홈즈도 나처럼 친구가 없는 사람이라고 생각하게 되었다. 그러나 곧이어 그가 사회의 다양한 계층에 걸쳐 많은 지인이 있다는 것을 알게 되었다. 그중에는 혈색이 나쁘고 쥐처럼 생긴 검은 눈의 작은 사람이 있었는데, 그는 레스트레이드라는 사람으로 일주일에 서너 번 정도 찾아왔다. 어느 날 아침에는 화려하게 차려입은 젊은 여성이 찾아와 30분 넘게 머물렀다.

The same afternoon brought a grey-headed, seedy visitor, looking like a Jew pedlar, who appeared to me to be much excited, and who was closely followed by a slip-shod elderly woman. On another occasion an old white-haired gentleman had an interview with my companion; and on another a railway porter in his velveteen uniform.

When any of these nondescript individuals put in an appearance, Sherlock Holmes used to beg for the use of the sitting-room, and I would retire to my bed-room. He always apologized to me for putting me to this inconvenience. "I have to use this room as a place of business," he said, "and these people are my clients." Again I had an opportunity of asking him a point blank question, and again my delicacy prevented me from forcing another man to confide in me.

같은 날 오후에는 머리가 희끗한 유대인 행상처럼 보이는 초라한 행색의 방문자가 상당히 흥분한 모습으로 나타났고 뒤이어 슬리퍼를 질질 끄는 나이 든 여성이 들어왔다. 또 어떤 날에는 백발의 노신사가 홈즈와 면담을 가졌고, 다른 날에는 벨벳 제복을 입은 기차역 짐꾼이 찾아왔다.

이런 정체를 알 수 없는 사람들이 나타날 때면, 셜록 홈즈는 거실을 쓰게 해 달라고 부탁했고 나는 늘 내 방으로 물려가곤 했다. 그는 항상 불편을 주어 미안하다고 사과했다. "이 방을 사업상 사용해야 해서 그렇다네." 그가 말했다. "그리고 이 사람들은 나의 의뢰인일세." 또 한번 나에게 직접적으로 물어볼 기회가 있었지만 나의 섬세한 성격 탓에 남에게 비밀을 털어놓길 강요하는 것이 주저되었다.

□ seedy 지저분한 □ Jew 유대인 □ pedlar 행상 □ porter 짐꾼 □ blank 솔직한 □ confide (비밀을) 털어놓다

I imagined at the time that he had some strong reason for not alluding to it, but he soon dispelled the idea by coming round to the subject of his own accord.

It was upon the 4th of March, as I have good reason to remember, that I rose somewhat earlier than usual, and found that Sherlock Holmes had not yet finished his breakfast. The landlady had **become so accustomed to** my late habits that my place had not been laid nor my coffee prepared. With the unreasonable petulance of mankind I rang the bell and gave a curt intimation that I was ready. Then I picked up a magazine from the table and attempted to while away the time with it, while my companion munched silently at his toast. One of the articles had a pencil mark at the heading, and I naturally began to run my eye through it.

그 당시에 나는 그가 언급하지 않는 분명한 이유가 있을 것이라고 상상했으나 그가 자진해서 그 주제로 이야기를 꺼냈으므로 그런 생각은 곧 사라졌다.

그날은 3월 4일이었는데 정확히 기억하는 이유가 있다. 평소보다 일찍 일어났고 셜록 홈즈는 아직 아침 식사를 끝내지 않은 모양이었다. 하숙집 주인은 나의 평소 늦게 일어나는 습관에 익숙해져 있었기에 내 자리는 아직 마련되어 있지 않았고 커피도 준비되어 있지 않았다. 이유를 알 수 없는 심술이 발동한 나는 종을 울려 내가 일어났고 준비가 되었다는 사실을 퉁명스럽게 알렸다. 그리고서 식탁에 놓여 있던 잡지를 집어 들어 그걸 읽으며 시간을 보내고자 하였다. 셜록 홈즈가 그의 토스트를 조용히 먹는 동안 말이다. 기사 중 하나에는 제목 부분에 연필로 표시가 되어 있었고 나는 자연스럽게 그쪽으로 눈이 갔다.

□ landlady 집주인 아주머니 □ accustom 익숙해지다 □ petulance 심술 사나움 □ curt 퉁명스러운 □ intimation 알림 □ attempt 시도하다 □ munch 우적우적 먹다 □ heading 제목 □ be/become accustomed to (doing) something : ~에 익숙하다/익숙해지다(= be/get used to)

Its somewhat ambitious title was "The Book of Life," and it attempted to show how much an observant man might learn by an accurate and systematic examination of all that came in his way. It struck me as being a remarkable mixture of shrewdness and of absurdity. The reasoning was close and intense, but the deductions appeared to me to be far-fetched and exaggerated. The writer claimed by a momentary expression, a twitch of a muscle or a glance of an eye, to fathom a man's inmost thoughts. Deceit, according to him, was an impossibility in the case of one trained to observation and analysis. His conclusions were as infallible as so many propositions of Euclid. So startling would his results appear to the uninitiated that until they learned the processes by which he had arrived at them they might well consider him as a necromancer.

기사는 다소 야심 있게 느껴지는 "삶의 책(The Book of Life)"이라는 제목이었다. 내용은 관찰력 있는 사람이 그의 주변의 모든 것을 정확하고 체계적으로 조사함으로써 얼마나 많은 것을 알 수 있는지를 보여주려는 것이었다. 읽자마자 빈틈없으면서도 어이없는 이야기의 환상적인 조합처럼 보였다. 추론 과정은 치밀하고 강렬했지만 결론은 설득력이 없고 과장이 심한 것 같았다. 순간적인 표정, 예를 들면 근육의 작은 움직임이나 눈짓만으로 인간의 가장 깊숙한 사고까지 헤아릴 수 있다고 기사의 필자는 주장하고 있었다. 그에 따르면 잘 훈련된 관찰과 분석 능력이 있는 사람에게는 속임수란 결코 통할 수 없다는 것이었다. 그의 결론은 유클리드의 증명처럼 틀림이 없었다. 지식이 없는 사람들에게 그의 결과는 너무나 깜짝 놀랄 정도라 그가 도달하는 과정을 알기까지는 그를 주술사라고 생각하게 될지도 모를 일이었다.

SHERLOCK HOLMES : A Study In Scarlet

□ somewhat 약간, 다소 □ observant 관찰력 있는 □ examination 조사, 검토 □ strike 부딪히다 (과거형 struck) □ shrewdness 빈틈없음 □ absurdity 터무니없음 (형용사 absurd) □ reasoning 추론 과정 □ intense 강렬한 □ deduction 추론, 결론 □ far-fetched 설득력 없는 □ claim 주장하다 □ twitch 경련, 까딱거림 □ glance 흘낏 봄 □ fathom 헤아리다 □ inmost(innermost) 가장 깊숙한 곳 □ deceit 속임수, 사기 □ infallible 틀림없는, 확실한 □ startling 깜짝 놀랄 □ uninitiated 지식 없는 사람들 □ necromancer 주술사 □ strike somebody as (being) something : (갑자기 깨닫게 되어서) ~해 보이다

"From a drop of water," said the writer, "a logician could infer the possibility of an Atlantic or a Niagara without having seen or heard of one or the other. So all life is a great chain, the nature of which is known whenever we are shown a single link of it. Like all other arts, the Science of Deduction and Analysis is one which can only be acquired by long and patient study nor, is life long enough to allow any mortal to attain the highest possible perfection in it.

Before turning to those moral and mental aspects of the matter which present the greatest difficulties, let the enquirer begin by mastering more elementary problems. Let him, on meeting a fellow-mortal, learn at a glance to distinguish the history of the man, and the trade or profession to which he belongs.

"물 한 방울만으로" 필자는 말했다. "논리적인 사람은 대서양이나 나이아가라 폭포가 있다는 사실을 추론할 수 있다. 그것을 한 번도 본 적도 들은 적이 없더라도 말이다. 그러니까 모든 삶은 하나의 거대한 사슬이고 그 본질은 단 하나의 고리만 보더라도 알 수 있다. 다른 모든 종류의 학문과 같이, 추론과 분석의 과학은 오랫동안 끈기 있게 연구해야만 얻을 수 있는 것이다. 그리고 인생은 그런 학문의 가장 완벽한 경지에 도달할 만큼, 어떤 치명적인 요소를 감내할 만큼 충분히 길지도 않다.

도덕적이고 정신적인 측면이자 가장 어려운 문제로 넘어가기 전에, 탐구자라면 더 기초적인 문제를 풀어나가야 한다. 타인을 만나면 한눈에 그의 이력과 직업을 알게 되도록 해야 한다.

SHERLOCK HOLMES : A Study In Scarlet

Puerile as such an exercise may seem, it sharpens the faculties of observation, and teaches one where to look and what to look for. By a man's finger nails, by his coat-sleeve, by his boot, by his trouser knees, by the callosities of his forefinger and thumb, by his expression, by his shirt cuffs—by each of these things a man's calling is plainly revealed. That all united should fail to enlighten the competent enquirer in any case is almost inconceivable."

"What ineffable twaddle!" I cried, slapping the magazine down on the table, "I never read such rubbish in my life."

이런 훈련은 유치해 보일 수 있지만 이를 통해 관찰력이 예민해지고, 또 어디를 보고 무엇을 찾아야 하는지를 알게 된다. 사람의 손톱, 소매, 부츠, 바지 무릎, 검지와 엄지의 굳은살, 표정, 셔츠, 커프스 등과 같은 각각의 특징들을 통해 그의 직업이 명백하게 밝혀지는 것이다. 능력 있는 탐구자라면 어떤 일에서 이 모든 취합된 특징들을 합쳐서 밝혀내는 것이다.

"무슨 말도 안 되는 헛소리를!" 잡지를 탁자에 탁 내려치며 내가 소리쳤다. "태어나서 이런 쓰레기 같은 글은 처음 읽어 보네."

"What is it?" asked Sherlock Holmes. "Why, this article," I said, pointing at it with my egg spoon as I sat down to my breakfast. "I see that you have read it since you have marked it. I don't deny that it is smartly written. It irritates me though. It is evidently the theory of some arm-chair lounger who evolves all these neat little paradoxes in the seclusion of his own study. It is not practical. I should like to see him clapped down in a third class carriage on the Underground, and asked to give the trades of all his fellow-travellers. I would lay a thousand to one against him."

"You would lose your money," Sherlock Holmes remarked calmly.

"As for the article I wrote it myself."

"You!"

"뭔데 그러나?" 셜록 홈즈가 물었다. "아니, 이 기사 말이네." 아침 식사 자리에 앉으면서 달걀 숟가락으로 기사를 가리키며 말했다. "자네도 표시해 두었으니 읽어보았겠지. 훌륭하게 쓴 글이라는 것은 부정할 수 없네만 너무 열이 받는군. 분명히 이건 안락의자에 앉아 자기의 고립된 연구에 몰두해서는 모순적인 이론을 그럴듯하게 만들어내는 한가한 사람의 이론일 테지. 전혀 실용적이지 않아. 마음 같아선 이 사람을 지하철 3등석에 앉게 하고 주위 사람들의 직업을 맞혀 보라고 하고 싶군. 그가 못할 거라는 데 천 대 일도 걸 수 있네."
"자네가 돈을 잃게 될 텐데." 셜록 홈즈가 차분하게 대답했다.
"그 기사는 내가 쓴 걸세."
"자네가?"

"Yes, I have a turn both for observation and for deduction. The theories which I have expressed there, and which appear to you to be so chimerical are really extremely practical—so practical that I depend upon them for my bread and cheese." "And how?" I asked involuntarily.

"Well, I have a trade of my own. I suppose I am the only one in the world. I'm a consulting detective, if you can understand what that is. Here in London we have lots of Government detectives and lots of private ones. When these fellows are at fault they come to me, and I manage to put them on the right scent. They lay all the evidence before me, and I am generally able, by the help of my knowledge of the history of crime, to set them straight.

"그래, 나는 관찰과 추론에 소질이 있는 편이야. 거기에 쓴 이론들은 자네에게 공상처럼 보이는 모양이지만 실은 매우 실용적인 것들이지. 너무나 실용적이라 나는 그 이론을 통해 먹고 살고 있다네." "어떻게?" 나도 모르게 질문했다.

"음, 나도 나름의 직업이 있다네. 아마 세상에 단 하나뿐인 직업일 거야. 나는 자문 탐정이라네. 그게 무엇인지 자네가 알 수 있을지 모르겠지만. 여기 런던에는 정부 소속 형사들과 사립 탐정들도 많지. 그 친구들이 해결하기 어려울 때 나에게 오면 나는 그들에게 올바른 단서를 알려주는 거야. 그들이 내 눈앞에 모든 증거들을 펼쳐 놓으면, 나는 범죄의 역사에 대한 나의 모든 지식을 토대로 그들의 방향을 바로잡아 줄 수 있다네.

□ chimerical 공상 □ bread and cheese 간단한 식사 □ involuntarily 모르는 사이에 □ scent 향기, 단서

There is a strong family resemblance about misdeeds, and if you
have all the details of a thousand at your finger ends, it is odd if
you can't unravel the thousand and first. Lestrade is a well-known
detective. He got himself into a fog recently over a forgery case,
and that was what brought him here."

"And these other people?"

"They are mostly sent on by private inquiry agencies. They are
all people who are in trouble about something, and want a little en-
lightening. I listen to their story, they listen to my comments, and
then I pocket my fee."

범죄에는 너무 강한 유사성이 있기 때문에, 수천 건의 범죄에 대한 세세한 정보와 역
사를 손에 쥐고 있다면, 천 한 번째의 사건을 해결 못 할 이유가 없지 않겠나? 레스트레
이드는 유명한 형사야. 최근에는 어떤 위조 사건으로 헤매고 있었기에 나를 찾아 이곳
에 온 걸세."
"그럼 다른 사람들은?"
"대부분 사설 탐정 기관을 통해 온 사람이라네. 무언가 문제를 겪고 있고 지혜를 얻
기 위해 오는 사람들이야. 나는 그들의 이야기를 듣고, 그들은 나의 조언을 듣고 나는
수고비를 받는다네."

□ misdeed 악행 □ fog 안개, 혼란 □ forgery 위조죄 □ private 사적인, 사립 □ inquiry 질문, 탐구 □ agency 대행사, 기관 □ enlighten 깨우치다 □ pocket 호주머니에 넣다

"But do you mean to say," I said, "that without leaving your room you can unravel some knot which other men can make nothing of, although they have seen every detail for themselves?"

"Quite so. I have a kind of intuition that way. Now and again a case turns up which is a little more complex. Then I have to bustle about and see things with my own eyes. You see I have a lot of special knowledge which I apply to the problem, and which facilitates matters wonderfully. Those rules of deduction laid down in that article which aroused your scorn, are invaluable to me in practical work. Observation with me is second nature. You appeared to be surprised when I told you, on our first meeting, that you had come from Afghanistan."

"하지만 자네 말대로라면" 내가 말했다. "자네는 방을 나가지도 않고 매듭을 해결할 수 있단 말인가? 다른 사람들은 모든 세세한 정보를 가지고 있어도 풀지 못했는데?"

"그렇다네. 나는 그런 쪽으로 일종의 직감이 있어. 가끔은 조금 더 복잡한 사건들도 나타나지. 그러면 나도 서둘러 나가 두 눈으로 직접 현장을 봐야 한다네. 자네도 알겠지만 나는 사건에 적용할 만한 특별한 지식이 많아서 일을 무척이나 수월하게 만들 수 있어. 저기 기사에 적힌 추론에 대한 규칙들은, 자네는 경멸했지만, 나의 실제 업무에는 무척이나 유용하다네. 나에게 관찰이란 제2의 천성이야. 우리가 처음 만났을 때 자네가 아프가니스탄에서 왔다고 말하니 자넨 무척 놀랐지."

"You were told, no doubt."

"Nothing of the sort. I knew you came from Afghanistan. From long habit the train of thoughts ran so swiftly through my mind, that I arrived at the conclusion without being conscious of intermediate steps. There were such steps, however. The train of reasoning ran,

'Here is a gentleman of a medical type, but with the air of a military man. Clearly an army doctor, then. He has just come from the tropics, for his face is dark, and that is not the natural tint of his skin, for his wrists are fair. He has undergone hardship and sickness, as his haggard face says clearly. His left arm has been injured. He holds it in a stiff and unnatural manner. Where in the tropics could an English army doctor have seen much hardship and got his arm wounded? Clearly in Afghanistan.'

"누군가에게 전해 들었겠지, 당연히."

"전혀 그런 게 아니야. 난 자네가 아프가니스탄에서 왔다는 걸 알았어. 오래된 습관으로 사고의 흐름이 머릿속에서 빠르게 이어져 중간 단계의 의식을 거치지 않고 결론에 도달했네. 하지만 단계는 분명히 있었어. 논리 과정은 이렇게 작동되지.

'여기 의사 타입의 신사가 있군. 하지만 군인 같은 분위기도 풍겨. 그렇다면 분명히 군의관일 거야. 그는 열대 지방에서 온 지 얼마 안 되었군. 얼굴이 까맣게 탄 걸 보면 말이야. 원래 피부 톤도 아니고. 손목은 밝은 톤이니까. 고난과 질병을 겪은 것 같군. 수척한 얼굴을 보면 분명히 알 수 있어. 왼쪽 팔은 부상을 입었군. 뻣뻣하고 부자연스러운 태도인걸. 열대 지방 어디에서 이 영국 군의관이 이런 고난을 겪고 팔을 다치게 되었을까? 분명히 아프가니스탄일 거야.'

□ train of thought 사고의 흐름 □ swiftly 빠르게 □ intermediate step 중간 단계 □ tropics 열대 지방 □ wrists 손목 □ fair (피부가) 뽀얀 □ haggard 수척한 □ stiff 뻣뻣한

The whole train of thought did not occupy a second. I then re-marked that you came from Afghanistan, and you were astonished."

"It is simple enough as you explain it," I said, smiling. "You remind me of Edgar Allen Poe's Dupin. I had no idea that such individuals did exist outside of stories."

Sherlock Holmes rose and lit his pipe. "No doubt you think that you are complimenting me in comparing me to Dupin," he observed.

"Now, in my opinion, Dupin was a very inferior fellow. That trick of his of breaking in on his friends' thoughts with an apropos remark after a quarter of an hour's silence is really very showy and superficial. He had some analytical genius, no doubt; but he was by no means such a phenomenon as Poe appeared to imagine."

이런 사고의 과정은 일 초도 걸리지 않았네. 그리고나서 내가 자네더러 아프가니스탄에서 왔다는 걸 말했더니 자네가 놀란 거지."

"그렇게 설명해 주고 나니 굉장히 간단한걸." 내가 웃으며 말했다. "에드거 앨런 포의 뒤팽 같군그래. 소설 속 세상 밖에도 이런 인물이 있을 줄은 상상도 못 했어."

셜록 홈즈는 일어나 파이프 담배에 불을 붙였다. "자네가 뒤팽과 비교해 나를 칭찬하려는 것은 알겠어." 그가 무언가 깨달은 듯 말을 꺼냈다.

"내 생각에 뒤팽은 아주 수준이 낮은 친구야. 15분 정도 침묵하다가 친구의 생각을 꿰뚫는 듯한 말을 꺼내는 수법은 아주 현란해 보이는 겉치레야. 분석적인 재능은 어느 정도 있겠지만, 포가 생각한 것만큼의 경이로운 인물은 결코 아니었어."

"Have you read Gaboriau's works?" I asked. "Does Lecoq come up to your idea of a detective?"

Sherlock Holmes sniffed sardonically. "Lecoq was a miserable bungler," he said, in an angry voice; "he had only one thing to recommend him, and that was his energy. That book made me positively ill. The question was how to identify an unknown prisoner. I could have done it in twenty-four hours. Lecoq took six months or so. It might be made a text-book for detectives to teach them what to avoid."

I felt rather indignant at having two characters whom I had admired treated in this cavalier style. I walked over to the window, and stood looking out into the busy street. "This fellow may be very clever," I said to myself, "but he is certainly very conceited."

"자네 가보리오의 작품은 읽어보았나?" 내가 물었다. "르콕은 자네가 생각하는 탐정에 가까운가?"

셜록 홈즈는 냉소적인 투로 코웃음을 쳤다. "르콕은 형편없는 얼뜨기였지." 그가 화난 듯한 목소리로 말했다. "추천할 수 있는 것이라곤 단 하나, 그의 에너지였어. 그 책을 읽고는 정말 불쾌했지. 문제는 신분을 알 수 없는 죄수를 어떻게 알아내느냐였는데 나였다면 24시간 안에 해결했을 일을 르콕은 아마 6개월인가 걸렸어. 탐정들이 피해야 할 것들을 가르치는 교과서로는 될 수 있겠지."

내가 존경하는 두 인물이 이런 무심한 방식으로 취급되는 것을 보니 조금 화가 났다. 나는 창가로 걸어가 번잡한 도로를 바라보며 서 있었다. "이 친구는 똑똑할지 모르지만" 혼잣말로 중얼거렸다. "자만심이 어마어마하군."

□ sniff 콧방귀 끼다, 냄새 맡다 □ sardonically 냉소적으로 □ bungler 솜씨 없는 사람 □ identify (신원을) 확인하다 □ indignant 분개하는 □ cavalier 무심한, 건방진 □ conceited 자만하는

"There are no crimes and no criminals in these days," he said, querulously. "What is the use of having brains in our profession. I know well that I have it in me to make my name famous. No man lives or has ever lived who has brought the same amount of study and of natural talent to the detection of crime which I have done. And what is the result? There is no crime to detect, or, at most, some bungling villainy with a motive so transparent that even a Scotland Yard official can see through it."

I was still annoyed at his bumptious style of conversation. I thought it best to change the topic.

"요즘 세상에는 범죄도 범죄자도 없어." 그가 불평하듯이 말했다. "우리가 두뇌를 가지고 있을 쓸모가 뭐란 말인가. 내 두뇌는 나의 이름을 유명하게 만들 수 있다는 걸 잘 알고 있어. 범죄 추리와 관련해서 나보다 많은 연구를 하거나 천부적 재능이 있는 사람은 여태껏 없었고, 지금도 없어. 그래서 결과는 어떤가? 추리할 범죄가 없어. 혹은 속이 뻔히 보이는 동기를 가진 서툰 악행뿐이라, 런던 경찰국의 형사들조차 한눈에 알아차릴 걸세."

나는 그의 거만한 대화 방식에 불편한 감이 있었기에 대화 주제를 바꾸는 것이 좋겠다고 생각했다.

"I wonder what that fellow is looking for?" I asked, pointing to a stalwart, plainly-dressed individual who was walking slowly down the other side of the street, looking anxiously at the numbers. He had a large blue envelope in his hand, and was evidently the bearer of a message.

"You mean the retired sergeant of Marines," said Sherlock Holmes.

"Brag and bounce!" thought I to myself. "He knows that I cannot verify his guess."

The thought had hardly passed through my mind when the man whom we were watching caught sight of the number on our door, and ran rapidly across the roadway. We heard a loud knock, a deep voice below, and heavy steps ascending the stair.

"저 사람은 뭘 찾고 있는 걸까?" 수수한 차림의 건장한 남자를 가리키며 내가 물었다. 그는 길 건너편에서 초조하게 문패를 살피며 천천히 걸어오고 있었다. 커다란 파란 봉투를 손에 들고 있었기에 분명 편지를 전달하려는 중이었다.

"저 해병대 퇴역 부사관 말인가?" 셜록 홈즈가 말했다.

'허풍과 뻔뻔함이 대단하군!' 나는 속으로 생각했다. '추리를 내가 확인할 방법이 없다는 걸 알고 저러는군.'

이런 생각이 머릿속에서 끝나기도 전에, 우리가 지켜보던 그 남자가 우리 집 문패를 보고는 빠르게 길을 건너왔다. 문을 쾅쾅 두드리는 소리와 깊은 목소리가 아래층에서 크게 울렸고, 계단을 오르는 육중한 발걸음 소리가 들렸다.

□ stalwart 건장한　□ bearer 전달자　□ sergeant 부사관　□ brag 자랑하다, 허풍　□ bounce 튕기다, (영국 영어) 뻔뻔함　□ rapidly 빠르게　□ ascend 오르다

"For Mr. Sherlock Holmes," he said, stepping into the room and handing my friend the letter. Here was an opportunity of taking the conceit out of him. He little thought of this when he made that random shot. "May I ask, my lad," I said, in the blandest voice, "what your trade may be?"

"Commissionaire, sir," he said, gruffly. "Uniform away for repairs."

"And you were?" I asked, with a slightly malicious glance at my companion.

"A sergeant, sir, Royal Marine Light Infantry, sir. No answer? Right, sir."

He clicked his heels together, raised his hand in a salute, and was gone.

"셜록 홈즈 씨에게 온 것입니다." 그가 방에 들어와 셜록 홈즈에게 편지를 건네주며 말했다. 그의 자만심을 조금 눌러줄 기회였다. 그가 아무 말이나 지어냈을 때는 이것까지 생각하진 못했을 것이다. "이보게, 내가 좀 물어봐도 되겠나?" 내가 아주 담백한 말투로 물었다. "자네 직업이 무엇인가?"

"재향 군인 출신 심부름꾼입니다." 그가 무뚝뚝하게 말했다. "제복은 수선에 맡겨서요."

"전에는요?" 나는 조금 심술 궂은 눈으로 셜록 홈즈를 흘낏 보며 말했다.

"부사관이었습니다. 영국 왕립 해병대의 경보병대에서요. 답장은 안 보내시는지요? 그럼 가보겠습니다."

그는 발뒤꿈치를 모아 거수 경례를 하고는 가버렸다.

□ lad 청년　□ bland 담백한　□ commissionaire (제복 입은) 수행인　□ gruff-
ly 무뚝뚝하게　□ malicious 심술 궂은　□ salute 경례

CHAPTER III. THE LAURISTON GARDENS MYSTERY

I confess that I was considerably startled by this fresh proof of the practical nature of my companion's theories. My respect for his powers of analysis increased wondrously. There still remained some lurking suspicion in my mind, however, that the whole thing was a pre-arranged episode, intended to dazzle me, though what earthly object he could have in taking me in was past my comprehension. When I looked at him he had finished reading the note, and his eyes had assumed the vacant, lack-lustre expression which showed mental abstraction. "How in the world did you deduce that?" I asked.

"Deduce what?" said he, petulantly.

"Why, that he was a retired sergeant of Marines."

3장. 로리스턴 가든 사건

솔직히 말해서 셜록 홈즈가 말한 이론에 대한 실제적인 증거를 눈앞에서 보게 되어 무척이나 놀랐다. 그의 분석 능력에 대해서 크게 존경하게 된 것이다. 여전히 내 마음 속에는 어떤 의심이 숨어있기는 했지만 말이다. 이를테면, 모든 것이 미리 짜인 연극이어서 나를 놀라게 해주려는 의도였을 뿐이라는 의심이다. 그렇다 하더라도 그가 나에게 보여준 것들은 내가 이해할 수 있는 수준을 넘어섰다. 셜록 홈즈를 다시 보니, 그는 편지를 다 읽은 상태였는데, 공허한 눈빛과 생기 없는 표정으로 보아 정신이 다른 곳에 있는 눈치였다. "도대체 어떻게 그걸 추리했단 말인가?" 내가 물었다.

"무슨 추리?" 그가 심통 사나운 태도로 답했다.

"아니, 그가 퇴역 해병대 부사관이었다는 사실 말이야."

☐ practical nature 실제적인 ☐ wondrously 놀랄 정도로 ☐ lurk 숨다 ☐ petulantly 심통 사납게 ☐ vacant 공허한 ☐ lack-lustre(lackluster) 생기 없는 ☐ mental 정신의 ☐ abstraction 관념, 정신이 팔림

"I have no time for trifles," he answered, brusquely; then with a smile, "Excuse my rudeness. You broke the thread of my thoughts; but perhaps it is as well. So you actually were not able to see that that man was a sergeant of Marines?" "No, indeed."

"It was easier to know it than to explain why I knew it. If you were asked to prove that two and two made four, you might find some difficulty, and yet you are quite sure of the fact.

Even across the street I could see a great blue anchor tattooed on the back of the fellow's hand. That smacked of the sea. He had a military carriage, however, and regulation side whiskers. There we have the marine. He was a man with some amount of self-impor-tance and a certain air of command. You must have observed the way in which he held his head and swung his cane.

"그런 하찮은 것에 낭비할 시간이 없네." 그가 퉁명스럽게 답했다. 그러더니 미소 지으며 "아, 내 무례를 용서하게. 내 사고의 흐름을 자네가 망쳐서 말이야. 하지만 뭐 이젠 괜찮아. 그래서 자넨 그 남자가 해병대 부사관이었다는 사실을 정말로 몰랐단 말인가?" "전혀 몰랐네."

"그걸 아는 것이 어떻게 알았는지를 설명하는 것보다 쉬운 일이네. 자네가 만약 '2 더하기 2는 4'라는 사실을 증명해야 한다면 무척 어렵다고 느껴질 거야. 그게 사실이란 것은 분명한데 말이야.

아까 길 건너편에서부터 그의 손등에 그려진 커다란 푸른 닻 문신이 보였다네. 바다와 관련이 있다는 것이지. 하지만 군인 같은 태도에 규율을 지킨 구레나룻도 기르고 있었어. 그렇다면 해병대라는 걸 알 수 있지. 약간 거만한 데다 명령하는 듯한 분위기를 풍기기도 했어. 그가 고개를 들고 지팡이를 휘두르는 모습을 자네가 봤어야 하는데.

□ anchor 닻 □ regulation 규정된 □ side whiskers 구레나룻 □ self-impor-
tance 거만 □ command 명령 □ cane 지팡이

A steady, respectable, middle-aged man, too, on the face of him—all facts which led me to believe that he had been a sergeant."

"Wonderful!" I ejaculated.

"Commonplace," said Holmes, though I thought from his expression that he was pleased at my evident surprise and admiration. "I said just now that there were no criminals. It appears that I am wrong—look at this!" He threw me over the note which the commissionaire had brought.

"Why," I cried, as I cast my eye over it, "this is terrible!"

"It does seem to be a little out of the common," he remarked, calmly. "**Would you mind reading** it to me aloud?"

This is the letter which I read to him—

겉모습 역시 안정적이고 점잖은 중년의 남자였고 말이야. 이런 사실들을 종합했을 때 나는 그가 부사관이었다는 걸 알 수 있었네."

"대단하군!" 내가 소리쳤다.

"흔한 일이지." 홈즈가 말했다. 하지만 내가 대놓고 놀라고 감탄한다는 점에서 그 나름대로 기쁜 듯이 보였다. "방금 내가 범죄 사건이 전혀 없다고 말했지. 하지만 틀린 모양이야. 이걸 보게!" 그는 재향 군인 출신 심부름꾼에게 받은 편지를 건네 보여 주었다.

"하!" 내가 편지를 빠르게 훑어보며 소리쳤다. "이건 큰일인데!"

"평범한 사건과는 조금 다른 사건 같지." 그가 차분하게 대답했다. "소리 내 읽어줄 수 있겠나?"

내가 그에게 읽어준 편지는 다음과 같다.

□ steady 안정된　□ respectable 점잖은　□ ejaculate 외치다　□ commonplace 흔한　□ cast one's eye over 빠르게 읽다　□ would you mind ~ ing ? : ~ 해 줄 수 있어요?

"MY DEAR MR. SHERLOCK HOLMES,—

"There has been a bad business during the night at 3, Lauriston Gardens, off the Brixton Road. Our man on the beat saw a light there about two in the morning, and as the house was an empty one, suspected that something was amiss. He found the door open, and in the front room, which is bare of furniture, discovered the body of a gentleman, well dressed, and having cards in his pocket bearing the name of 'Enoch J. Drebber, Cleveland, Ohio, U.S.A.'

There had been no robbery, nor is there any evidence as to how the man met his death. There are marks of blood in the room, but there is no wound upon his person.

"친애하는 셜록 홈즈 씨에게

어젯밤 브릭스턴 로드에서 조금 떨어진 곳에 있는 로리스턴 가든 3번지에서 끔찍한 사건이 발생했습니다. 순찰 중이던 경찰관이 새벽 두 시쯤 불빛을 보았는데 그곳은 평소 빈집이었기에 뭔가 잘못되었다고 수상하게 여긴 겁니다. 그 집에 가보니 현관문은 열려 있었고, 가구 하나 없는 거실에는 잘 차려입은 남자의 시체가 있었습니다. 주머니에는 '미국 오하이오 주 클리블랜드 시, 이녹 J. 드레버'라는 명함이 몇 장 들어 있었습니다.

금품을 뺏긴 흔적도 없고, 이 남자를 어떻게 죽인 것인지에 대한 어떤 증거도 없는 상태입니다. 방 안에는 핏자국이 있지만 시체에 외상은 전혀 없습니다.

We are at a loss as to how he came into the empty house; indeed, the whole affair is a puzzler. If you can come round to the house any time before twelve, you will find me there. I have left everything in statu quo until I hear from you. If you are unable to come I shall give you fuller details, and would esteem it a great kindness if you would favour me with your opinion.

Yours faithfully,

"TOBIAS GREGSON."

그가 빈집에 어떻게 들어온 것인지 전혀 모르겠습니다. 정말이지 전체적으로 수수께끼인 사건입니다. 셜록 홈즈 씨께서 혹시 열두 시 전까지 이 집에 와주실 수 있다면 그때까지 제가 있을 테니 찾아와주시길 부탁드립니다. 어떤 말씀을 주시기까지는 집 안의 모든 것을 원래 상태 그대로 보존해 두겠습니다. 혹시 오시기 어렵다면 조금 더 자세한 내용을 알려드리고자 하니, 의견을 들려주신다면 매우 감사히 여기겠습니다.

토바이어스 그렉슨 드림

□ affair 사건　□ in statu quo 현상 그대로, 원래 상태로　□ esteem 존경, 생
각하다

"Gregson is the smartest of the Scotland Yarders," my friend re-marked; "he and Lestrade are the pick of a bad lot. They are both quick and energetic, but conventional—shockingly so. They have their knives into one another, too. They are as jealous as a pair of professional beauties. There will be some fun over this case if they are both put upon the scent."

I was amazed at the calm way in which he rippled on. "Surely there is not a moment to be lost," I cried, "shall I go and order you a cab?"

"I'm not sure about whether I shall go. I am the most incurably lazy devil that ever stood in shoe leather—that is, when the fit is on me, for I can be spry enough at times."

"그렉슨은 런던 경찰청에서도 가장 똑똑한 편에 속하네." 셜록 홈즈가 말했다. "그와 레스트레이드는 그 형편없는 무리 중에서도 나은 편이지. 두 사람 다 민첩하고 열정적이지만 진부해, 아주 놀랄 정도로 말이야. 게다가 둘은 서로에게 라이벌 의식이 있네. 인기 초상화 모델들처럼 서로를 질투하곤 하지. 둘 다 이 사건에 참여한다니 꽤 재미있는 그림이 되겠군."

셜록 홈즈가 잔잔하고 차분하게 말하는 모습을 보니 놀랐다. "시간 낭비하고 있을 틈이 없지 않은가." 내가 말했다. "마차라도 불러올까?"

"갈지 말지 아직 모르겠네. 난 세상에서 가장 구제불능인 게으름뱅이라 말이야. 상황이 잘 맞으면 때에 따라 재빠르기도 하다네."

* 프로페셔널 뷰티(professional beauty)는 1880년대 런던의 사회 현상 중 하나로, 상업용 사진과 초상화의 모델이 되는 아름답고 유명한 여성들의 직업을 말합니다. 귀족 출신이거나 부유하지 않아도 아름답기만 하면 가능했으며, 당대 사회의 아이콘이 되었습니다.

□ a bad lot 형편없는, 신용할 수 없는 사람　□ conventional 진부한, 전통적인
□ have (one's) knife into someone 적대감을 가지다　□ professional beauty
(1880년대) 프로페셔널 뷰티, 인기 초상화 모델　□ scent 자취　□ ripple 작은
물결을 내며 움직이다　□ most ~ ever stood in shoe leather 신발 신은 사람(모
든 사람) 중 가장　□ spry 재빠른

"Why, it is just such a chance as you have been longing for."

"My dear fellow, what does it matter to me. Supposing I unravel the whole matter, you may be sure that Gregson, Lestrade, and Co. will pocket all the credit. That comes of being an unofficial personage."

"But he begs you to help him."

"Yes. He knows that I am his superior, and acknowledges it to me; but he would cut his tongue out before he would own it to any third person. However, we may as well go and have a look. I shall work it out on my own hook. I may have a laugh at them if I have nothing else. Come on!"

"허, 이건 자네가 계속 기다리던 기회가 아닌가?"

"이 친구야, 나에게 이게 무슨 상관이란 말인가. 내가 사건을 모두 해결한다 해도, 어차피 그렉슨과 레스트레이드와 경찰들에게 모든 공이 떨어지겠지. 비공식적인 존재의 운명이야."

"하지만 자네의 도움을 청하고 있지 않은가."

"맞아, 내가 그보다 실력이 좋다는 걸 그도 알고 인정하는 거지. 하지만 제3자의 앞에서 그걸 인정할 일은 없을 거야. 차라리 혀를 자르는 게 낫다고 생각하겠지. 그래도 한 번 가 보는 편이 좋겠군. 혼자서 조사하고 추리해 봐야겠어. 혹시 얻는 것이 아무것도 없다고 해도 그들을 비웃어줄 수 있겠지. 그럼, 가보세!"

□ unravel (매듭을) 풀다 □ co (company) 그 집단의 사람들 □ personage 저명인사, 인물 □ on my own hook 혼자

He hustled on his overcoat, and bustled about in a way that showed that an energetic fit had superseded the apathetic one.

"Get your hat," he said.

"You wish me to come?"

"Yes, if you have nothing better to do."

A minute later we were both in a hansom, driving furiously for the Brixton Road. It was a foggy, cloudy morning, and a dun-coloured veil hung over the house-tops, looking like the reflection of the mud-coloured streets beneath. My companion was in the best of spirits, and prattled away about Cremona fiddles, and the difference between a Stradivarius and an Amati. As for myself, I was silent, for the dull weather and the melancholy business upon which we were engaged, depressed my spirits.

셜록 홈즈는 코트를 서둘러 입고는, 무관심한 태도에서 활기 넘치는 태도로 순간 바뀌어 바쁘게 움직였다.
"모자를 쓰게." 그가 말했다.
"나도 같이 가자는 건가?"
"다른 일이 없다면 같이 가세."
잠시 후 우리는 마차를 타고 브릭스턴 로드를 향해 거칠게 달리고 있었다. 안개가 자욱하고 흐린 아침이었는데 집마다 지붕 위에 회갈색 하늘과 안개가 걸쳐져 있어, 땅바닥에 깔린 진흙 길을 비추는 듯했다. 셜록 홈즈는 기분이 좋은 듯이 크레모나의 바이올린에 대해서나 스트라디바리우스와 아마티가 어떻게 다른지 등에 대해 떠들어대고 있었다. 나는 조용히 입을 다문 상태였는데, 칙칙한 날씨 탓도 있었고 우리가 휘말리게 된 어떤 슬프고 음산한 사건이 기분을 우울하게 만들었기 때문이다.

SHERLOCK HOLMES : A Study In Scarlet

□ hustle 서둘러 움직이다, 재촉하다 □ bustle 바삐 움직이다 □ supersede 대신하다 □ apathetic 무관심한 □ hansom (한섬) 마차 □ furiously 맹렬하게 □ dun-coloured 회갈색의 □ veil 면사포, 가리다 □ in the best of spirits 기분 좋은, 낙관적인 □ prattle (쓸데없이) 지껄이다 □ fiddle 바이올린 □ dull 칙칙한 □ melancholy (이유를 알 수 없는) 우울, 슬픈

"You don't seem to give much thought to the matter in hand," I said at last, interrupting Holmes' musical disquisition.

"No data yet," he answered. "It is a capital mistake to theorize before you have all the evidence. It biases the judgment."

"You will have your data soon," I remarked, pointing with my finger; "this is the Brixton Road, and that is the house, if I am not very much mistaken."

"So it is. Stop, driver, stop!" We were still a hundred yards or so from it, but he **insisted upon our alighting**, and we finished our journey upon foot.

"지금 사건에 관한 생각은 전혀 하고 있지 않은 것 같군." 홈즈의 음악 논평을 끊으며 내가 마침내 입을 열었다.

"아직 정보가 없네." 그가 대답했다. "모든 증거를 확보하기 전에 추리의 가설을 세우는 건 중대한 실수라네. 판단에 선입견을 줄 수 있어."

"곧 정보를 얻게 될 텐데." 손가락으로 가리키며 말했다. "여기가 브릭스턴 로드야. 저게 그 집이겠군, 내가 틀리지 않았다면."

"맞는 것 같군. 이보게, 마부, 여기서 멈춰 주시오." 아직 그 집까지는 백 야드나 남았는데, 홈즈가 계속 마차에서 내리겠다고 말해서 그 이후로 집까지는 걸어가게 되었다.

□ in hand 현재 다루고 있는 문제　□ interrupt 방해하다, 끊다　□ disquisition 논고, 장황한 연설　□ theorize 이론(가설)을 세우다　□ biase 선입견을 갖게 하다　□ alight 내리다, 착륙하다　□ insist on/upon ~ing : 고집하다, 우기다

Number 3, Lauriston Gardens wore an ill-omened and minatory look. It was one of four which stood back some little way from the street, two being occupied and two empty. The latter looked out with three tiers of vacant melancholy windows, which were blank and dreary, save that here and there a "To Let" card had developed like a cataract upon the bleared panes.

A small garden sprinkled over with a scattered eruption of sickly plants separated each of these houses from the street, and was traversed by a narrow pathway, yellowish in colour, and consisting apparently of a mixture of clay and of gravel. The whole place was very sloppy from the rain which had fallen through the night.

로리스턴 가든 3번지는 외관으로도 불길하고 위협적인 분위기를 풍겼다. 도로에서 작은 길로 들어갔을 때 나오는 네 집 중 하나였는데, 두 집은 사람이 살고 있고 두 집은 비어 있었다. 빈집은 공허하고 칙칙한 창문이 있는 삼층집이었다. 모든 게 음산하고 공허했지만 '세 놓음' 문구만이 흐릿한 유리 창문 위로 백내장처럼 여기저기 붙어 있었다.

작은 정원에는 힘없는 식물들이 흩어져 있었는데 이 정원이 거리와 집 사이를 구분하고 있었다. 또 정원을 가로질러 오솔길이 누르스름하게 이어져 있었는데, 보아하니 찰흙과 자갈로 만들어진 것 같았다. 간밤에 쏟아진 비 때문에 전체적으로 매우 질퍽한 상태였다.

☐ ill-omened 불길한   ☐ minatory 위협적인   ☐ the latter 후자   ☐ tier 단계, 층   ☐ dreary 음울한   ☐ save that ~을 제외하고   ☐ cataract 백내장   ☐ blear 흐릿한   ☐ pane 판유리   ☐ sprinkle 섞다   ☐ scattered 산발적인   ☐ eruption 분출   ☐ sickly 허약한   ☐ traverse 가로지르다   ☐ clay 찰흙   ☐ gravel 자갈   ☐ sloppy 질퍽한

The garden was bounded by a three-foot brick wall with a fringe of wood rails upon the top, and against this wall was leaning a stalwart police constable, surrounded by a small knot of loafers, who craned their necks and strained their eyes in the vain hope of catching some glimpse of the proceedings within.

I had imagined that Sherlock Holmes would at once have hurried into the house and plunged into a study of the mystery. Nothing appeared to be further from his intention. With an air of nonchalance which, under the circumstances, seemed to me to border upon affectation, he lounged up and down the pavement, and gazed vacantly at the ground, the sky, the opposite houses and the line of railings.

그 정원은 3피트 높이의 벽돌담으로 둘러싸여 있었는데 담장 위에는 나무 난간이 붙어 있었다. 건장한 경찰관 한 명이 담장에 기대어 있었고, 한가한 사람들의 조그만 무리가 그를 둘러싸고 있었다. 사람들은 집안에서 일어나는 상황을 조금이라도 보겠다는 헛된 희망을 가지고 목을 길게 빼고 안간힘을 쓰며 두리번거리고 있었다.

나는 셜록 홈즈가 집 안으로 당장 들어가서 사건의 조사에 뛰어들 것이라고 기대하고 있었지만 그건 그의 의도와는 전혀 다른 모양이었다. 무관심한 표정을 하는 그가 당시 상황에서 내 눈에는 허세로 보였다. 그는 느긋하게 보도를 왔다 갔다 하며, 땅과 하늘, 반대편의 집들과 난간이 이어진 선을 멍하니 쳐다보았다.

□ bound 경계를 이루다 □ brick 벽돌 □ fringe 가장자리 □ rail 난간 □ stalwart 건장한 □ knot 무리 □ loafer 일 없는 사람 □ crane (목을) 길게 빼다 □ strain one's eyes 잘 보려고 노력하다 □ glimpse 잠깐의 모습 □ vain hope 헛된 희망 □ plunge into 뛰어들다 □ nothing could be further from (the truth) (진실)과는 전혀 다르다 □ nonchalance 무관심 □ border on (upon) 거의 □ affectation 꾸밈 □ lounge 느긋하게 시간을 보내다 □ pavement 보도

Having finished his scrutiny, he proceeded slowly down the path, or rather down the fringe of grass which flanked the path, keeping his eyes riveted upon the ground.

Twice he stopped, and once I saw him smile, and heard him utter an exclamation of satisfaction. There were many marks of footsteps upon the wet clayey soil, but since the police had been coming and going over it, I was unable to see how my companion could hope to learn anything from it.

Still I had had such extraordinary evidence of the quickness of his perceptive faculties, that I had no doubt that he could see a great deal which was hidden from me.

At the door of the house we were met by a tall, white-faced, flax-en-haired man, with a notebook in his hand, who rushed forward and wrung my companion's hand with effusion.

자세한 조사를 끝낸 후 그는 오솔길을 향해 느릿느릿 걸었다. 아니, 오솔길 옆에 삐죽하게 자란 풀가를 따라서 걸었고 그의 눈은 땅바닥에 고정된 상태였다.

그는 두 번 멈춰 섰고, 한번 미소를 짓고는 만족스러운 듯한 감탄의 소리를 내는 것을 나는 보았다. 점토질의 젖은 흙길 위로는 여러 개의 발자국이 있었지만, 경찰이 그 위를 하도 왔다 갔다 한 탓에, 홈즈가 그것을 통해 뭔가를 알 수 있을 것이라고는 생각하기가 어려웠다.

하지만 그가 빠른 통찰력을 가지고 추리하는 것을 이미 본 후였기에, 내가 볼 수 없는 어떤 엄청난 사실을 그가 발견할 것이라고 믿을 수 있었다.

집의 문 앞에서 우리는 키가 크고 얼굴이 하얀, 금발의 남자를 만났다. 그는 수첩을 손에 들고 빠르게 달려 나와 홈즈의 손을 기쁜 듯이 꽉 쥐었다.

□ scrutiny 정밀 조사 □ fringe 가장자리 □ flank 측면에 있다 □ rivet 고정하다 □ utter 내뱉다 □ exclamation 감탄사 □ clayey 점토질의 □ perceptive 통찰력 있는 □ faculty 능력 □ have no doubt 확신하다 □ effusion (감정의) 분출

"It is indeed kind of you to come," he said, "I have had everything left untouched."

"Except that!" my friend answered, pointing at the pathway. "If a herd of buffaloes had passed along there could not be a greater mess. No doubt, however, you had drawn your own conclusions, Gregson, before you permitted this."

"I have had so much to do inside the house," the detective said evasively. "My colleague, Mr. Lestrade, is here. I had relied upon him to look after this."

Holmes glanced at me and raised his eyebrows sardonically.

"With two such men as yourself and Lestrade upon the ground, there will not be much for a third party to find out," he said.

"이렇게 와 주시다니 정말 감사합니다." 그가 말했다. "현장의 모든 것은 손대지 않고 그대로 두었습니다."

"저것만 빼고 말입니다!" 홈즈가 길을 가리키며 대답했다. "물소가 떼로 몰려와도 이렇게 엉망진창이 되지는 않을 겁니다. 하지만 그렉슨 씨 나름의 결론을 내리고 나서 통행을 허락한 것이겠지요."

"집 안에서 할 일이 얼마나 많던지요." 형사가 얼버무리듯 말했다. "제 동료인 레스트레이드 씨가 여기 있습니다. 이쪽을 살피는 건 그가 해주리라 생각했습니다."

홈즈는 나를 슬쩍 보고는 비꼬듯이 눈썹을 들어 올렸다.

"당신과 레스트레이드 씨 같은 훌륭한 분들이 현장에 계시면, 제삼자가 있어도 알아낼 만한 게 별로 없을 것 같은데요." 그가 말했다.

□ **flaxen-haired** 금발의, 아마빛(황갈색) 머리의 □ **wring** 꽉 쥐다 □ **herd** 떼 □ **buffalo** 물소 □ **mess** 엉망 □ **draw a conclusion** 결론을 내다 □ **evasively** 얼버무리며 □ **rely on (upon)** 의지하다 □ **look after** 살피다 □ **sardonically** 냉소적으로

Gregson rubbed his hands in a self-satisfied way. "I think we have done all that can be done," he answered; "it's a queer case though, and I knew your taste for such things."

"**You did not come here in a cab?**" asked Sherlock Holmes.

"**No**, sir."

"Nor Lestrade?"

"No, sir."

"Then let us go and look at the room." With which inconsequent remark he strode on into the house, followed by Gregson, whose features expressed his astonishment.

A short passage, bare planked and dusty, led to the kitchen and offices. Two doors opened out of it to the left and to the right. One of these had obviously been closed for many weeks.

그렉슨이 자기만족에 찬 태도로 손을 비비며 말했다. "할 수 있는 건 최대한 한 것 같습니다. 하지만 정말 이상한 사건이라 홈즈 씨께서 좋아하실 줄 알았습니다."
"마차를 타고 오진 않으셨죠?" 셜록 홈즈가 물었다.
"네."
"레스트레이드 씨도?"
"물론입니다."
"그럼 안에 들어가 방을 보도록 하지요." 일관성 없는 대화 후에 그는 집안으로 성큼성큼 들어갔고, 그렉슨도 놀란 듯한 표정을 하며 따라 들어갔다.
길지 않은 복도는, 카펫도 깔리지 않은 나무판자로 되어 있는 데다 먼지로 가득했고 곧바로 부엌과 다른 방들로 이어져 있었다. 복도의 양쪽으로 문이 하나씩 있었다. 문 하나는 몇 주 동안은 닫혀 있었던 것으로 보였다.

□ queer 이상한 □ inconsequent 일관성 없는 □ stride 성큼성큼 걷다 □ plank 나무 판자 □ A : You did not ~? B : No - A : ~안 했지요? B : 네, 안 했습니다

The other belonged to the dining-room, which was the apartment in which the mysterious affair had occurred. Holmes walked in, and I followed him with that subdued feeling at my heart which the presence of death inspires.

It was a large square room, looking all the larger from the absence of all furniture. A vulgar flaring paper adorned the walls, but it was blotched in places with mildew, and here and there great strips had become detached and hung down, exposing the yellow plaster beneath.

Opposite the door was a showy fireplace, surmounted by a mantelpiece of imitation white marble. On one corner of this was stuck the stump of a red wax candle.

나머지가 바로 식사 공간인데, 미스터리한 사건이 발생한 바로 그 현장이었다. 홈즈가 안으로 걸어 들어갔고, 죽음이 주는 우울한 감정을 느끼며 나도 그를 따라 들어갔다.

그곳은 커다랗고 네모난 방으로, 가구가 없는 탓에 더 큼지막하게 보였다. 벽에는 난잡하고 화려한 벽지가 장식되어 있었고 곳곳이 곰팡이로 얼룩져 있었다. 여기저기 벽지 조각들이 떨어져서, 노란 초벽이 드러나 보였다.

문 반대편에는 겉장식이 화려한 벽난로가 있었고 그 위에 하얀 인조 대리석으로 만든 벽난로 선반이 얹혀 있었다. 선반의 가장자리 중 하나에는 붉은 양초가 타다 남은 채로 놓여 있었다.

□ belong to ~에 속하다　□ dining room 다이닝룸(식사 공간)　□ apartment 방　□ subdued 가라앉은　□ inspire 불어넣다　□ vulgar 천박한　□ flaring 화려한　□ adorn 장식하다　□ blotch 얼룩지다　□ in places 곳곳에　□ mildew 흰곰팡이　□ strip 가느다란 조각　□ detach 분리되다　□ plaster 회반죽　□ showy (겉만) 현란한　□ surmount ~의 위에 얹히다　□ mantelpiece 벽난로 위 선반　□ marble 대리석　□ stuck 움직일 수 없는　□ stump 남은 부분

The solitary window was so dirty that the light was hazy and uncertain, giving a dull grey tinge to everything, which was intensified by the thick layer of dust which coated the whole apartment.

All these details I observed afterwards. At present my attention was centred upon the single grim motionless figure which lay stretched upon the boards, with vacant sightless eyes staring up at the discoloured ceiling. It was that of a man about forty-three or forty-four years of age, middle-sized, broad shouldered, with crisp curling black hair, and a short stubbly beard. He was dressed in a heavy broadcloth frock coat and waistcoat, with light-coloured trousers, and immaculate collar and cuffs. A top hat, well brushed and trim, was placed upon the floor beside him.

방에 하나뿐인 창문은 너무 지저분해서 비쳐오는 햇빛은 흐릿하고 탁했으며, 방 안 모든 것이 칙칙한 회색빛으로 보였다. 방 안 전체를 덮고 있는 먼지가 두껍게 깔려 있는 탓에 그런 어두운 기운이 강하게 들었다.

이런 자세한 것들은 나중에야 보게 된 것이다. 당시 방에 들어가자마자 나의 주의는 음산하고 움직임 없는 형상에 집중되었는데 바닥에 늘어진 채, 공허한 눈으로 색바랜 천장을 의미 없이 올려다보고 있는 것처럼 보였다. 마흔서너 살 정도로 보이는 시체는 중간 정도 되는 체형에, 넓은 어깨, 깔끔한 검은 곱슬머리, 그리고 짧고 까칠하게 수염이 자라 있었다. 그는 두꺼운 모직 프록코트와 조끼를 입고 옅은 색 바지와 홈 없는 칼라와 커프스를 착용하고 있었다. 그의 옆에는 솔질이 잘 된 깔끔한 실크해트가 바닥에 놓여 있었다.

☐ solitary 혼자인 ☐ hazy 흐릿한 ☐ dull 칙칙한 ☐ tinge 기운 ☐ intensify 강화하다 ☐ apartment 방 ☐ grim 음침한 ☐ figure 형상 ☐ sightless 앞을 못 보는 ☐ crisp 깔끔한 ☐ stubbly (수염이) 까칠하게 자란 ☐ beard (턱)수염 ☐ broadcloth 브로드, 울로 만든 천 ☐ frock coat 프록코드, 과거 남자가 입던 무릎까지 오는 코트 ☐ waistcoat 조끼 ☐ immaculate 흠없는 ☐ top hat 실크 해트 (과거 남자 성상 모자)

His hands were clenched and his arms thrown abroad, while his lower limbs were interlocked as though his death struggle had been a grievous one. On his rigid face there stood an expression of horror, and as it seemed to me, of hatred, such as I have never seen upon human features.

This malignant and terrible contortion, combined with the low forehead, blunt nose, and prognathous jaw gave the dead man a singularly simious and ape-like appearance, which was increased by his writhing, unnatural posture. I have seen death in many forms, but never has it appeared to me in a more fearsome aspect than in that dark grimy apartment, which looked out upon one of the main arteries of suburban London.

그의 두 손은 꽉 움켜쥔 채 두 팔은 넓게 펼쳐져 있었는데, 두 다리는 사망할 당시에 무척 고통스러웠던 듯이 꼬여져 있었다. 굳은 얼굴에는 공포의 감정이 남아 있었는데, 나에게는 인간의 얼굴에서는 처음 보는 증오처럼 보였다.

이런 악의로 가득한 끔찍하게 일그러진 얼굴은 좁은 이마, 뭉툭한 코, 돌출된 턱과 어우러져 죽은 시체가 유인원 같은 형태와 특이한 원숭이처럼 보였는데, 그가 고통으로 몸을 비틀고 부자연스러운 자세로 있었기에 그런 느낌은 더 강해졌다. 그동안 다양한 형태의 시체를 보아 왔지만, 그날 런던 교외의 큰길에서 보게 된 그 어둡고 더러운 방에서 본 시체만큼 무시무시한 몰골은 본 적이 없었다.

□ clench 주먹을 꽉 지다 □ abroad 넓게 □ limb 팔다리 □ interlock 맞물리다 □ grievous 고통스러운 □ rigid 굳은 □ hatred 증오 □ malignant 악의에 찬 □ contortion 일그러짐 □ blunt 뭉툭한 □ prognathous 턱이 나온 □ jaw 턱 □ singularly 특이하게 □ simious 원숭이 □ writhe 온몸을 비틀다 □ fearsome 무시무시한 □ grimy 더러운 □ artery 도로 □ suburban 교외의

Lestrade, lean and ferret-like as ever, was standing by the doorway, and greeted my companion and myself.

"This case will make a stir, sir," he remarked. "It beats anything I have seen, and I am no chicken."

"There is no clue?" said Gregson.

"None at all," chimed in Lestrade.

Sherlock Holmes approached the body, and, kneeling down, examined it intently. "You are sure that there is no wound?" he asked, pointing to numerous gouts and splashes of blood which lay all round.

"Positive!" cried both detectives.

레스트레이드는 여전히 호리호리하고 족제비 같은 모습으로, 입구에 서서 셜록 홈즈와 나를 맞아주었다.

"이번 사건은 큰 혼란을 불러일으킬 것 같습니다." 그가 말했다. "그동안 보아온 사건과는 차원이 다릅니다. 전 경찰 일을 꽤 오래 해왔는데도 말이죠."

"단서가 없지?" 그렉슨이 말했다.

"아무 것도 없소." 레스트레이드가 맞장구쳤다.

셜록 홈즈가 시체 가까이 다가가, 무릎을 꿇고 열중하여 조사했다. "외상은 없다고 하셨지요?" 그가 주위에 뿌려진 수많은 핏자국들을 가리키며 물었다.

"확실합니다!" 두 형사가 외치듯 대답했다.

□ lean 호리호리한 □ ferret 페럿(족제비과), 흰담비 □ as ever 여전히 □
doorway 출입구 □ make a stir 혼란을 야기하다 □ beat 이기다 □ no
chicken 어리지 않다 □ chime in 맞장구치다, 끼어들다 □ intently 집중해서
□ wound 싱처 □ gout (물)방울 □ splash (물)바가지

"Then, of course, this blood belongs to a second individual—presumably the murderer, if murder has been committed. It reminds me of the circumstances attendant on the death of Van Jansen, in Utrecht, in the year '34. Do you remember the case, Gregson?"

"No, sir."

"Read it up—you really should. There is nothing new under the sun. It has all been done before."

As he spoke, his nimble fingers were flying here, there, and everywhere, feeling, pressing, unbuttoning, examining, while his eyes wore the same far-away expression which I have already remarked upon. So swiftly was the examination made, that one would hardly have guessed the minuteness with which it was conducted.

"그렇다면 이 피는 두 번째 인물의 것이겠군요. 살인 사건이 일어났을 경우 범인의 피라고 볼 수 있겠습니다. 이건 1834년 위트레흐트에서 일어난 반 얀센 사망과 관련된 상황을 떠올리게 하는군요. 그렉슨 씨, 그 사건 기억하십니까?"

"아니요."

"읽어보십시오. 정말 읽어보셔야 합니다. 태양 아래 새로운 것이란 없는 법입니다. 모두 예전에 있었던 일에 지나지 않습니다."

그렇게 말하며 그는 민첩한 손가락을 여기저기 모든 곳으로 움직이며, 시체를 만져 보고 눌러 보고 단추를 풀어보며 살피고 있었다. 그의 눈은 아까 언급한 것처럼 먼 곳을 보는 듯한 표정을 하고 있었다. 조사는 너무도 빨리 이루어져서, 얼마나 면밀하게 진행되고 있는지 짐작할 수 없을 정도였다.

□ presumably 아마 □ murder 살인 □ attendant 관련된 □ There is nothing new under the sun 세상에(태양 아래) 새로운 것은 없다 □ nimble 민첩한 □ swiftly 재빨리 □ minuteness 면밀 □ conduct (행동)하다

Finally, he sniffed the dead man's lips, and then glanced at the soles of his patent leather boots.

"He has not been moved at all?" he asked.

"No more than was necessary for the purposes of our examination."

"You can take him to the mortuary now," he said. "There is nothing more to be learned."

Gregson had a stretcher and four men at hand. At his call they entered the room, and the stranger was lifted and carried out. As they raised him, a ring tinkled down and rolled across the floor. Lestrade grabbed it up and stared at it with mystified eyes.

마지막으로 그가 시체의 입술에 코를 대어 냄새를 맡은 후, 그의 에나멜가죽 구두의 밑창에 한번 눈길을 주었다.

"시체를 움직인 적은 없지요?" 그가 물었다.

"조사 목적을 제외하고는 없습니다."

"그럼 이제 영안실로 옮기셔도 되겠습니다." 그가 말했다. "더 이상 알 수 있는 게 없겠군요."

그렉슨은 가까이에 들것과 네 사람을 대기해 둔 상태였다. 그가 부르자 모두 방으로 들어와서 시체를 들고 밖으로 옮겼다. 시체가 들어 올려졌을 때, 반지 하나가 쨍그랑 소리를 내며 떨어져 바닥을 굴렀다. 레스트레이드가 반지를 주워 혼란스럽다는 듯이 뚫어져라 쳐다보았다.

"There's been a woman here," he cried. "It's a woman's wedding-ring."

He held it out, as he spoke, upon the palm of his hand. We all gathered round him and gazed at it. There could be no doubt that that circlet of plain gold had once adorned the finger of a bride.

"This complicates matters," said Gregson. "Heaven knows, they were complicated enough before."

"You're sure it doesn't simplify them?" observed Holmes. "There's nothing to be learned by staring at it. What did you find in his pockets?"

"We have it all here," said Gregson, pointing to a litter of objects upon one of the bottom steps of the stairs.

"여기 여자가 있었나!" 그가 말했다. "이건 여자 결혼반지입니다."

그가 반지를 들어 보이며, 손바닥 위에 올려둔 채 말했다. 우리는 그를 둘러싸고 반지를 바라보았다. 그 순금으로 된 작은 둥근 고리가 어느 신부의 손가락을 장식했으리라고 확신할 수 있었다.

"사건을 더 복잡하게 만드는군요." 그렉슨이 말했다. "이미 충분히 복잡한 사건이잖습니까."

"사건을 더 단순하게 만드는 것이 아니고요?" 셜록 홈즈가 말했다. "반지를 그저 쳐다보고만 있어서는 아무것도 알 수 없습니다. 주머니 안에 무엇이 있었지요?"

"여기 모아두었습니다." 그렉슨이 계단의 맨 아래 칸에 놓인 잡동사니들을 가리키며 말했다.

□ circlet 작은 둥근 장식 □ Heaven knows 사실의 강조 (또는 아무도 모름)
□ observe 말하다 □ litter 잡동사니

"A gold watch, No. 97163, by Barraud, of London. Gold Albert chain, very heavy and solid. Gold ring, with masonic device. Gold pin—bull-dog's head, with rubies as eyes. Russian leather card-case, with cards of Enoch J. Drebber of Cleveland, corresponding with the E. J. D. upon the linen. No purse, but loose money to the extent of seven pounds thirteen. Pocket edition of Boccaccio's Decameron, with name of Joseph Stangerson upon the fly-leaf. Two letters—one addressed to E. J. Drebber and one to Joseph Stangerson."

"At what address?"

"American Exchange, Strand—to be left till called for. They are both from the Guion Steamship Company, and refer to the sailing of their boats from Liverpool. It is clear that this unfortunate man was about to return to New York."

"런던 바로(Barraud) 회사의 금 회중시계, 제품 번호는 97163인 무겁고 단단한 금제 알버트 시곗줄입니다. 프리메이슨 조직 문양이 그려진 금반지, 루비 눈의 불독 머리 모양 금핀, 클리블랜드의 이녹 J. 드레버의 명함이 든 러시아 가죽 명함 지갑이 있었는데 이건 피해자의 옷에 새겨진 E. J. D라는 이니셜과 일치합니다. 지갑은 없었지만, 잔돈으로 7파운드 13실링이 있었습니다. 조셉 스탠거슨이라는 이름이 속표지에 적힌 보카치오의 〈데카메론〉 포켓판 책이 한 권, 그리고 편지 두 통이 있었는데 하나는 E. J. 드레버 앞으로 온 것이고 하나는 조셉 스탠거슨 앞으로 온 것이었습니다."

"주소는요?"

"스트랜드에 있는 아메리칸 익스체인지에 보관되도록 쓰여 있습니다. 두 편지 모두 기온(Guion) 증기선 회사에서 온 것인데, 리버풀 출항에 관한 내용입니다. 피해자는 뉴욕으로 돌아가려고 했던 것이 확실합니다."

□ masonic 프리메이슨과 관련된 (freemasonry : 비밀결사 조직) □ corre-sponding ~에 해당하는 □ loose money 잔돈 □ fly-leaf 속표지 □ steam-ship 증기선 □ refer to ~와 관련 있다 □ sailing 출항

"Have you made any inquiries as to this man, Stangerson?"

"I did it at once, sir," said Gregson. "I have had advertisements sent to all the newspapers, and one of my men has gone to the American Exchange, but he has not returned yet."

"Have you sent to Cleveland?"

"We telegraphed this morning."

"How did you word your inquiries?"

"We simply detailed the circumstances, and said that we should be glad of any information which could help us."

"You did not ask for particulars on any point which appeared to you to be crucial?"

"이 스탠거슨이라는 사람에 대해서는 조사해 보았습니까?"

"네, 바로 진행했습니다." 그렉슨이 말했다. "모든 신문에 광고를 내었고 저희 경찰 중 한 명을 아메리칸 익스체인지 지점에 보낸 상황입니다. 아직 돌아오지는 않았고요."

"클리버렌드에도 보냈습니까?"

"오늘 아침에 전보를 보냈습니다."

"어떤 내용으로 질문하셨습니까?"

"사건에 대한 정보를 간단히 설명하고 도움이 될 만한 어떤 정보라도 알려달라고 했습니다."

"중요하다고 생각하는 부분에 대해서 특별하게 질문한 것은 없습니까?"

□ inquiry 조시, 질문

"I asked about Stangerson."

"Nothing else? Is there no circumstance on which this whole case appears to hinge? Will you not telegraph again?"

"I have said all I have to say," said Gregson, in an offended voice.

Sherlock Holmes chuckled to himself, and appeared to be about to make some remark, when Lestrade, who had been in the front room while we were holding this conversation in the hall, re-appeared upon the scene, rubbing his hands in a pompous and self-satisfied manner.

"Mr. Gregson," he said, "I have just made a discovery of the highest importance, and one which would have been overlooked had I not made a careful examination of the walls."

"스탠거슨에 대해 질문했지요."

"다른 것은요? 이 사건 전체가 걸려 있는 사항이 있지 않습니까? 다시 전보를 보낼 생각입니까?"

"전할 사항은 모두 말했습니다." 그렉슨이 기분이 상한 목소리로 말했다.

셜록 홈즈는 혼자 싱긋 웃으며 무언가 말을 하려는 듯했는데, 우리가 복도에서 이런 이야기를 하고 있는 동안 거실에 있던 레스트레이드가 손을 비비며 거만하고 자만하는 듯한 태도로 모습을 다시 드러냈다.

"그렉슨 씨" 그가 말했다. "제가 방금 아주 중대한 발견을 했습니다. 벽을 주의 깊게 조사하지 않았더라면 못 보고 넘어갈 뻔했어요."

The little man's eyes sparkled as he spoke, and he was evidently in a state of suppressed exultation at having scored a point against his colleague.

"Come here," he said, bustling back into the room, the atmosphere of which felt clearer since the removal of its ghastly inmate. "Now, stand there!"

He struck a match on his boot and held it up against the wall.

"Look at that!" he said, triumphantly.

I have remarked that the paper had fallen away in parts. In this particular corner of the room a large piece had peeled off, leaving a yellow square of coarse plastering. Across this bare space there was scrawled in blood-red letters a single word—

몸집이 작은 레스트레이드는 말하는 동안 눈을 반짝였는데, 그의 동료보다 점수를 따낸 것에 대해 기쁜 마음을 억누르는 상태인 게 분명했다.

"이리 와 보시죠." 그는 방으로 서둘러 들어가며 말했다. 그 방에 갇혀 있던 끔찍한 시체가 사라지자 방 안의 분위기가 훨씬 맑게 느껴졌다.

"자, 거기에 서 보십시오!"

그는 부츠에 성냥을 그어 불을 켠 후 벽 가까이에 가져갔다.

"이걸 보시지요!" 그가 의기양양하게 말했다.

방 안의 벽지가 조각조각 떨어져 나가 있었다고 언급했었다. 이 한쪽 구석진 곳에는 커다란 벽지 조각이 벗겨져서, 거친 초벽이 노란 정사각형 모양으로 드러나 있었다. 그 텅 빈 곳에는 선홍색 글씨로 단 한 단어가 이렇게 적혀 있었다.

RACHE

"What do you think of that?" cried the detective, with the air of a showman exhibiting his show. "This was overlooked because it was in the darkest corner of the room, and no one thought of looking there. The murderer has written it with his or her own blood. See this smear where it has trickled down the wall! That disposes of the idea of suicide anyhow. Why was that corner chosen to write it on? I will tell you. See that candle on the mantelpiece. It was lit at the time, and if it was lit this corner would be the brightest instead of the darkest portion of the wall."

"And what does it mean now that you have found it?" asked Gregson in a depreciatory voice.

RACHE

"이게 뭐라고 생각하시나요?" 레스트레이드가 무대 위에서 공연하는 연기자처럼 외쳤다. "이 글자는 다들 못 보고 넘어가신 듯합니다. 아무래도 방의 가장 어두운 구석에 있었고 이 구석까지는 아무도 볼 생각을 하지 않은 것이겠지요. 범인은 자신의 피로 직접 이 글씨를 썼습니다. 벽을 따라 흐르는 이 얼룩을 보십시오! 어쨌든 이걸로 자살의 가능성은 없어진 것입니다. 왜 범인은 그 구석을 골라 글을 썼을까요? 제 생각을 말씀드리지요. 벽난로 위 선반에 놓인 양초가 보이실 겁니다. 범행 당시에는 양초에 불이 켜져 있었을 겁니다. 만약 불이 켜져 있었다면 이쪽 구석이야말로, 가장 어두운 부분이 아닌, 벽 중에서 가장 밝은 부분이었을 겁니다."

"그래서, 이걸 발견했다는 것이 무슨 뜻이란 말이오?" 그렉슨이 업신여기는 듯한 말투로 말했다.

□ smear 얼룩　□ trickle 흐르다　□ dispose of 없애다　□ anyhow 어쨌든

□ mantelpiece 벽난로 위 선반　□ depreciatory 업신여기는

"Mean? Why, it means that the writer was going to put the female name Rachel, but was disturbed before he or she had time to finish. You mark my words, when this case comes to be cleared up you will find that a woman named Rachel has something to do with it. It's all very well for you to laugh, Mr. Sherlock Holmes. You may be very smart and clever, but the old hound is the best, when all is said and done."

"I really beg your pardon!" said my companion, who had ruffled the little man's temper by bursting into an explosion of laughter. "You certainly have the credit of being the first of us to find this out, and, as you say, it bears every mark of having been written by the other participant in last night's mystery. I have not had time to examine this room yet, but with your permission I shall do so now."

"무슨 뜻? 참, 이걸 쓴 범인이 '레이첼(Rachel)'이라는 여성의 이름을 쓰려고 했다는 뜻이오. 하지만, 다 쓰기도 전에 방해받은 것이지. 꼭 기억해 두시오. 이 사건이 해결될 때쯤 레이첼이라는 이름의 여성이 이 사건과 관련이 있다는 걸 알게 될 테니까 말이오. 셜록 홈즈 씨, 그렇게 웃으셔도 좋습니다. 당신이 똑똑하고 영리하실지는 모르겠지만, 결국은 늙은 사냥개가 가장 훌륭한 법이거든요."

"이런, 실례했습니다!" 내 일행인 셜록 홈즈가 한바탕 웃음을 터뜨려 작은 레스트레이드를 화나게 해놓고는 사과의 뜻으로 이렇게 말했다. "우리 중에서 가장 먼저 이 글씨를 발견하신 것은 확실히 레스트레이드 씨의 공입니다. 그리고 말씀하신 대로, 지난밤 사건에 관여한 다른 누군가가 남겨 둔 흔적이 맞는 것 같군요. 저는 아직 이 방을 조사할 시간이 없었는데, 허락을 받고 지금 조사해 볼까요."

□ mark my words 내 말 들어 둬 □ hound 사냥개 □ when all is said and done 결국 □ ruffle (사람 마음을) 화나게 하다 □ burst 터뜨리다 □ bear a mark (누군가 남긴) 흔적이 있다

As he spoke, he whipped a tape measure and a large round magnifying glass from his pocket. With these two implements he trotted noiselessly about the room, sometimes stopping, occasionally kneeling, and once lying flat upon his face. So engrossed was he with his occupation that he appeared to have forgotten our presence, for he chattered away to himself under his breath the whole time, keeping up a running fire of exclamations, groans, whistles, and little cries suggestive of encouragement and of hope.

As I watched him I was irresistibly reminded of a pure-blooded well-trained foxhound as it dashes backwards and forwards through the covert, whining in its eagerness, until it comes across the lost scent.

셜록 홈즈는 그렇게 말하며, 주머니에서 줄자와 커다란 둥근 돋보기를 빠르게 꺼냈다. 이 두 개의 도구를 가지고, 그는 방 안을 소리 없이 빠른 걸음으로 돌아다니며, 가끔 멈추고, 또 간혹 무릎을 꿇고, 한번은 얼굴을 바닥에 대고 눕기도 했다. 그는 조사에 너무 몰두한 나머지 우리의 존재를 까맣게 잊어버린 것처럼 보였다. 그가 속삭이며 혼잣말로 내내 중얼거리면서 감탄사, 신음 소리, 휘파람 소리, 그리고 격려나 희망이 담긴 작은 외침들을 계속 이어갔기 때문이다.

그를 보고 있으니, 잘 훈련된 순종의 폭스하운드 사냥개가 덤불 앞뒤로 질주하며, 잃어버린 냄새를 찾을 때까지 열망 가득히 낑낑거리는 모습이 자연스럽게 떠올랐다.

□ whip out(from) (빠르게) 꺼내다 □ tape measure 줄자 □ implement 도구 □ trot 빠르게 걷다 □ engrossed 몰두한 □ for 왜냐하면 □ chatter away 재잘거리다 □ under one's breath 속삭이며 □ keep up 계속하다 □ irresistibly 억누를 수 없는 □ dash 질주 □ covert (은신하는) 덤불 □ whine 낑낑거리다 □ eagerness 열망

For twenty minutes or more he continued his researches, measuring with the most exact care the distance between marks which were entirely invisible to me, and occasionally applying his tape to the walls in an equally incomprehensible manner.

In one place he gathered up very carefully a little pile of grey dust from the floor, and packed it away in an envelope. Finally, he examined with his glass the word upon the wall, going over every letter of it with the most minute exactness. This done, he appeared to be satisfied, for he replaced his tape and his glass in his pocket.

"They say that genius is an infinite capacity for taking pains," he remarked with a smile. "It's a very bad definition, but it does apply to detective work." Gregson and Lestrade had watched the manœuvres of their amateur companion with considerable curiosity and some contempt.

20분 정도 그는 조사를 계속했는데, 내겐 전혀 보이지도 않는 흔적과 흔적 사이의 거리를 정확하고 주의 깊게 측정하기도 했으며, 또 나로선 이해할 수 없는 태도로 벽에 줄자를 대기도 했다. 어떤 곳에서는 바닥에서 회색 먼지 뭉텅이를 조심스럽게 모아 봉투 안에 담아 가기도 했다. 마지막으로 그는 벽에 쓰인 글씨를 돋보기로 살펴보았는데, 가장 세심하고 정확하게 글자 하나하나를 들여다보았다. 이 조사까지 마친 후 그는 만족한 듯이 보였는데, 그의 줄자와 돋보기를 주머니에 다시 넣었기 때문이다.

"천재는 고통을 참을 수 있는 무한한 능력이라고들 말하지요." 셜록 홈즈가 웃음을 지으며 말했다. "매우 나쁜 정의이긴 하지만, 탐정 업무에 적용되는 부분도 있긴 합니다." 그렉슨과 레스트레이드는 이 아마추어 탐정 친구의 행동을 상당한 호기심과 약간의 경멸을 담아 보고 있었다.

□ with care 주의 깊게 □ incomprehensible 이해할 수 없는 □ pile of 무더기 □ infinite 무한한 □ capacity 능력 □ definition 정의 □ apply 적용하다 □ manœuvres(maneuvers) 동작 □ companion 동행, 친구 □ contempt 경멸

They evidently failed to appreciate the fact, which I had begun to realize, that Sherlock Holmes' smallest actions were all directed towards some definite and practical end.

"What do you think of it, sir?" they both asked.

"It would be robbing you of the credit of the case if I was to presume to help you," remarked my friend. "You are doing so well now that it would be a pity for anyone to interfere." There was a world of sarcasm in his voice as he spoke.

"If you will let me know how your investigations go," he continued, "I shall be happy to give you any help I can. In the meantime I should like to speak to the constable who found the body. Can you give me his name and address?"

그들은 당시 내가 깨닫기 시작한 한 가지 사실에 대해 알아차리지 못하고 있었다. 바로 셜록 홈즈의 사소한 행동은 모두 분명하고 실용적인 목적을 향하고 있다는 사실이었다.

"이것에 대해 어떻게 생각하십니까?" 두 형사가 물었다.

"제가 두 분을 감히 도와드리려 한다면 사건의 공적을 도둑질하는 것이 될 겁니다." 셜록 홈즈가 말했다. "두 분이 너무나 잘하고 계시는데 누군가 방해한다면 안 될 일이지요." 그가 엄청나게 비꼬는 듯한 목소리로 말했다.

"여러분께서 조사 경과에 대해 알려주신다면" 그가 이어서 말했다. "기쁜 마음으로 제가 할 수 있는 한 도와드리겠습니다. 그동안 저는 시체를 처음 발견한 순경과 이야기를 해보고 싶습니다. 그의 이름과 주소를 알려주시겠습니까?"

☐ definite 분명한 ☐ end 목적 ☐ rob 도둑질하다 ☐ presume 감히 ~하다, 추정하다 ☐ a world of 막대한 ☐ sarcasm 비꼼 ☐ constable 순경

Lestrade glanced at his note-book. "John Rance," he said. "He is off duty now. You will find him at 46, Audley Court, Kennington Park Gate." Holmes took a note of the address. "Come along, Doctor," he said; "we shall go and look him up. I'll tell you one thing which may help you in the case," he continued, turning to the two detectives.

"There has been murder done, and the murderer was a man. He was more than six feet high, was in the prime of life, had small feet for his height, wore coarse, square-toed boots and smoked a Trichinopoly cigar. He came here with his victim in a four-wheeled cab, which was drawn by a horse with three old shoes and one new one on his off fore leg. In all probability the murderer had a florid face, and the finger-nails of his right hand were remarkably long. These are only a few indications, but they may assist you."

레스트레이드는 그의 수첩을 살짝 보았다. "존 랜스" 그가 말했다. "그는 지금 근무 중이 아닙니다. 케닝턴 파크 게이트의 오드리 코트 46번가에 가면 만날 수 있을 겁니다." 홈즈는 주소를 수첩에 메모했다. "같이 가세, 왓슨." 그가 말했다. "그리로 가서 그를 찾아봐야겠네. 참, 이 사건 수사를 위해 여러분에게 도움이 될 만한 걸 하나 알려드려야겠군요." 그가 두 형사를 향해 몸을 돌리며 이어서 말했다.

"이건 타살 사건으로, 범인은 남자입니다. 그는 6피트가 넘는 키에, 한창때인 젊은 사람이고, 키에 비해 발이 작으며, 거칠고 앞이 각진 구두를 신었고, 트리키노폴리 시가를 피웠습니다. 그는 피해자와 함께 네 바퀴 마차를 타고 이곳에 왔습니다. 그 마차를 이끈 말은 말굽에 낡은 편자 세 개를 달았고, 새것 하나를 앞쪽 오른발 말굽에 붙인 상태였습니다. 거의 분명할 정도로 범인은 붉은 얼굴에, 오른쪽 손톱이 눈에 띄게 긴 편입니다. 이런 것들은 몇 안 되는 정보입니다만, 도움이 되기도 하겠지요."

□ off duty 근무 중이 아닌(비번인)　□ in the prime of life 전성기　□ coarse 거친　□ square-toed (구두가) 각진　□ Trichinopoly 트리키노폴리 (인도산 담배 종류 중 하나)　□ (horse)shoe (말굽의) 편자　□ off fore leg 오른쪽 앞다리 □ In all probability 거의 분명하게　□ florid 발그레한　□ indications 정보

Lestrade and Gregson glanced at each other with an incredulous smile.

"If this man was murdered, how was it done?" asked the former.

"Poison," said Sherlock Holmes curtly, and strode off. "One other thing, Lestrade," he added, turning round at the door: "'Rache,' is the German for 'revenge;' so don't lose your time looking for Miss Rachel." With which Parthian shot he walked away, leaving the two rivals open-mouthed behind him.

레스트레이드와 그렉슨이 서로를 마주 보며 믿기지 않는다는 듯이 웃었다.

"이게 타살 사건이라면, 어떻게 범행을 저지른 겁니까?" 레스트레이드가 물었다.

"독살입니다." 셜록 홈즈가 퉁명스럽게 말하고는 성큼성큼 걸어 나갔다. "한 가지 더 있군요, 레스트레이드 씨." 그가 문 앞에서 뒤를 돌더니 이어서 말했다. "'Rache'는 독일어로 '복수'란 뜻입니다. 그러니 레이첼이라는 여자를 찾느라 시간을 낭비하지 않길 바랍니다." 그는 마지막으로 날카로운 한 마디를 던지곤 걸어가 버렸고, 두 라이벌 형사는 놀라 입을 벌린 채로 그 자리에 가만히 서 있었다.

이 떡 벌어진

□ incredulous 믿지 않는 □ curtly 퉁명스러운 □ stride 성큼성큼 걷다 □ Parthian shot 떠날 때 하는 날카로운 한 마디 □ open-mouthed (충격으로) 입이 떡 벌어진

CHAPTER IV. WHAT JOHN RANCE HAD TO TELL

It was one o'clock when we left No. 3, Lauriston Gardens. Sherlock Holmes led me to the nearest telegraph office, whence he dispatched a long telegram. He then hailed a cab, and ordered the driver to take us to the address given us by Lestrade.

"There is nothing like first hand evidence," he remarked; "as a matter of fact, my mind is entirely made up upon the case, but still we may as well learn all that is to be learned."

"You amaze me, Holmes," said I. "Surely you are not as sure as you pretend to be of all those particulars which you gave."

"There's no room for a mistake," he answered.

4장. 존 랜스의 증언

우리가 로리스턴 가든 3번지를 나온 것은 오후 한 시였다. 셜록 홈즈가 가장 가까운 전신국에 나를 데려갔고, 그곳에서 그는 긴 전보를 보냈다. 그리고나서 그는 마차를 불러세우고, 레스트레이드에게 받은 주소로 가달라고 마부에게 부탁했다.

"목격자에게 직접 듣는 증언만한 것이 없지." 그가 말했다. "사실을 말하자면, 이 사건에 대한 의견은 이미 결론이 난 상태이네. 하지만 알아둘 만한 것들을 모두 알게 되는 것이 좋겠지."

"자네는 정말 놀랍군, 홈즈." 내가 말했다. "아무리 그래도 자네가 말한 모든 자세한 정보들에 대해 그렇게 허세를 부릴 정도로 확신이 있는 것은 아닐 테지."

"실수할 여지는 없네." 그가 대답했다.

☐ whence ~한 곳에서 ☐ dispatch 보내다 ☐ hail 신호를 보내다 ☐ first hand evidence 경험한 사람에게 직접 듣는 증언 ☐ as a matter of fact 사실은 ☐ may as well ~하는 편이 좋다 ☐ pretend ~인 척하다 ☐ room 여지

"The very first thing which I observed on arriving there was that a cab had made two ruts with its wheels close to the curb. Now, up to last night, we have had no rain for a week, so that those wheels which left such a deep impression must have been there during the night. There were the marks of the horse's hoofs, too, the outline of one of which was far more clearly cut than that of the other three, showing that that was a new shoe.

Since the cab was there after the rain began, and was not there at any time during the morning—I have Gregson's word for that—it follows that it must have been there during the night, and, therefore, that it brought those two individuals to the house."

"That seems simple enough," said I; "but how about the other man's height?"

"그곳에 도착하자마자 내가 가장 먼저 관찰한 것은 마차가 차도 가의 돌과 아주 가깝게 바퀴 자국을 두 개 남긴 거였어. 봐, 지난밤까지 일주일 동안 비는 오지 않았어. 그러니까 그렇게 깊은 바퀴 자국들은 지난밤 사이에 만들어진 것이야. 말발굽 자국도 있었지. 그중 하나는 다른 세 개에 비해 윤곽이 훨씬 또렷했어. 새 편자를 신었다고 볼 수 있지.

마차는 비가 오기 시작한 후에 온 것이고, 아침에는 없었다는 것, 이것은 그렉슨이 알려준 것인데, 이것으로 짐작할 수 있는 것은 마차가 밤 동안 거기에 있었다는 거야, 그러니까 그 마차가 두 사람을 그 집에 데려다준 것이지."

"듣고 보니 간단한 일이군." 내가 말했다. "그럼 다른 남자의 키는 어떻게 알았지?"

"Why, the height of a man, in nine cases out of ten, can be told from the length of his stride. It is a simple calculation enough, though there is no use my boring you with figures. I had this fellow's stride both on the clay outside and on the dust within. Then I had a way of checking my calculation. When a man writes on a wall, his instinct leads him to write about the level of his own eyes. Now that writing was just over six feet from the ground. It was child's play."

"And his age?" I asked.

"아, 웬만한 사람의 키는, 열에 아홉은 그의 보폭을 통해 알 수 있다네. 무척 간단한 계산이야. 숫자를 말하며 자네를 지루하게 만들 필요는 없겠지. 나는 이 남자의 보폭을 밖의 진흙 위에서, 그리고 실내의 먼지 위에서 모두 확인했어. 그리고 계산을 확인할 방법도 있었네. 사람이 벽에 글을 쓸 때, 본능적으로 자신의 눈높이에서 글을 쓰기 마련이네. 그런데 그 글씨는 지면으로부터 6피트 조금 넘는 위치에 있었어. 이런 건 어린아이 장난 수준이야."

"그럼, 그의 나이는?" 내가 물었다.

"Well, if a man can stride four and a-half feet without the smallest effort, he can't be quite in the sere and yellow. That was the breadth of a puddle on the garden walk which he had evidently walked across. Patent-leather boots had gone round, and Square-toes had hopped over. There is no mystery about it at all. I am simply applying to ordinary life a few of those precepts of observation and deduction which I advocated in that article. Is there anything else that puzzles you?" "The finger nails and the Trichinopoly," I suggested. "The writing on the wall was done with a man's forefinger dipped in blood. My glass allowed me to observe that the plaster was slightly scratched in doing it, which would not have been the case if the man's nail had been trimmed. I gathered up some scattered ash from the floor. It was dark in colour and flakey—such an ash as is only made by a Trichinopoly.

"음, 어떤 사람이 4피트 반 정도를 별 노력 없이 뛰어넘을 수 있다면 그가 황혼기에 접어든 노인일 리는 없겠지. 그건 정원 산책로에 고인 물웅덩이의 폭인데 그가 분명히 훌쩍 건너갔다고 볼 수 있지. 에나멜가죽 구두는 웅덩이를 돌아갔는데, 끝이 각진 구두는 깡충 뛰어 지나갔어. 여기에 이상한 점은 전혀 없네. 난 그저, 그 기사에서 주장한 관찰과 추리의 규칙들 중 몇 가지를 일상생활에 적용하고 있을 뿐이야. 그밖에 자네가 또 이해하지 못한 게 있나?" "손톱이랑 트리피노폴리 시가에 대한 걸 잘 모르겠네." 내가 말했다. "벽에 쓰인 글씨는 남자가 집게손가락에 피를 묻혀 쓴 거야. 내 돋보기로 보니 그 초벽에 살짝 긁힌 자국이 있었어. 남자의 손톱이 잘 정리되어 있다면 그럴 일이 없었겠지. 바닥에 널려 있던 재도 모아보았어. 어두운색이고 조각조각 잘 부서졌는데, 그건 트리키노폴리 시가에서만 나오는 재였어.

□ in the sere and yellow (가을 단풍처럼) 인생의 막바지에 이른, 노인의 □ breadth 폭 □ puddle 물웅덩이 □ garden walk 정원 산책로 □ patent leather 애나멜 가죽 □ hop 깡충 뛰다 □ precept 규칙 □ advocate 주장하다, 지지하다 □ puzzle 어리둥절하게 만들다 □ forefinger 집게손가락 □ plaster 회반죽(으로 바른 초벽) □ scattered 산재한 □ ash 재 □ flakey 조각조각 잘 부서지는

I have made a special study of cigar ashes—in fact, I have written a monograph upon the subject. I flatter myself that I can distinguish at a glance the ash of any known brand, either of cigar or of tobacco. It is just in such details that the skilled detective differs from the Gregson and Lestrade type."

"And the florid face?" I asked.

"Ah, that was a more daring shot, though I have no doubt that I was right. You must not ask me that at the present state of the affair."

나는 시가의 재에 관한 특별한 연구를 한 적이 있어. 실제로 그 주제로 논문도 썼지. 시가든 담배든 어떤 브랜드든 간에 나는 재를 살짝만 보고도 구별할 수 있다고 자신하고 있네. 이런 세세한 점에서 숙련된 탐정과 그렉슨이나 레스트레이드와 같은 유형이 갈리는 거지."

"그럼, 얼굴이 붉다고 한 건?" 내가 물었다.

"아, 그건 좀 더 대담한 발언이었지. 내가 옳다는 데엔 의심이 없지만. 현재 상태에서는 그 부분은 묻지 말아 주게."

☐ monograph (단일 주제로 쓴) 논문 ☐ flatter 우쭐해하다 ☐ differ from ~와 다르다 ☐ daring 대담한

I passed my hand over my brow. "My head is in a whirl," I remarked; "the more one thinks of it the more mysterious it grows. How came these two men—if there were two men—into an empty house? What has become of the cabman who drove them? How could one man compel another to take poison? Where did the blood come from? What was the object of the murderer, since robbery had no part in it? How came the woman's ring there? Above all, why should the second man write up the German word RACHE before decamping? I confess that I cannot see any possible way of reconciling all these facts."

나는 손으로 이마를 짚었다. "머리가 빙빙 도네." 내가 말했다. "생각하면 생각할수록 수수께끼가 커져만 가는군. 두 사람은 어떻게, 거기 두 사람이 있었다면 말이지만, 이 빈집에 들어올 수 있었단 말인가? 그들을 태우고 온 마부는 어떻게 되었지? 어떻게 한 사람이 다른 사람에게 독을 먹인 걸까? 피는 어디에서 온 것이지? 범인의 목적은 뭘까, 강도의 소행이 아니라고 한다면? 어떻게 여자의 반지가 거기에 있었던 걸까? 무엇보다도 두 번째 남자는 왜 도망가기 전에 RACHE 라고 하는 독일어 단어를 쓰고 갔단 말인가? 고백하건대 나는 이 모든 사실들을 종합해서 해석할 어떤 방법도 못 찾겠네."

SHERLOCK HOLMES : A Study In Scarlet

□ brow 이마　□ whirl 소용돌이　□ cabman 마부　□ compel 강제하다　□
decamp 도망가다　□ reconcile 조화시키다

My companion smiled approvingly. "You sum up the difficulties of the situation succinctly and well," he said. "There is much that is still obscure, though I have quite made up my mind on the main facts. As to poor Lestrade's discovery it was simply a blind intended to put the police upon a wrong track, by suggesting Socialism and secret societies. It was not done by a German. The A, if you noticed, was printed somewhat after the German fashion. Now, a real German invariably prints in the Latin character, so that we may safely say that this was not written by one, but by a clumsy imitator who overdid his part.

홈즈가 만족스러운 듯이 웃었다. "사건의 어려운 점들을 간단명료하게 잘 요약했군." 그가 말했다. "아직 모호한 점도 많지만, 중요한 것들에 대해선 결론을 꽤 내렸어. 레스트레이드가 발견한 것은 경찰들을 잘못된 방향으로 이끌기 위한 단순한 눈속임이지. 사회주의나 비밀 조직 같은 것을 떠올리게 해서 말이야. 독일인이 쓴 것은 아니야. A 라는 글자를 자네도 보았겠지만, 독일식으로 쓰여 있었어. 하지만 진짜 독일인들은 항상 로마자로 쓴다네. 그러니 우린 그게 독일인이 쓴 게 아니라 서투르게 흉내를 내려다 실수했다는 걸 알 수 있지.

□ approvingly 만족스럽게　□ succinctly 간단명료하게　□ obscure 모호한

□ blind 눈속임　□ invariably 언제나　□ Latin character 라틴 문자, 로마자

It was simply a ruse to divert inquiry into a wrong channel. I'm not going to tell you much more of the case, Doctor. You know a conjuror gets no credit when once he has explained his trick, and if I show you too much of my method of working, you will come to the conclusion that I am a very ordinary individual after all."

"I shall never do that," I answered; "you have brought detection as near an exact science as it ever will be brought in this world."

My companion flushed up with pleasure at my words, and the earnest way in which I uttered them. I had already observed that he was as sensitive to flattery on the score of his art as any girl could be of her beauty. "I'll tell you one other thing," he said.

수사를 엉뚱한 방향으로 돌리게 하려는 단순한 속임수였던 거야. 사건에 대해 더 이상은 말하지 않겠네, 왓슨. 마술사가 자신의 트릭을 설명하고 나면 더 이상 인정 받지 못하는 것 알지 않나. 자네에게 나의 작업 방식에 대해서 너무 많이 알려준다면 자네는 내가 아주 평범한 사람에 불과하단 결론을 내리고 말 거야."

"그럴 일은 없을 걸세." 내가 대답했다. "자네는 추리술을 이 세상에서 가장 과학에 가까운 수준까지 끌어올렸으니 말이야."

나의 말과, 그렇게 말하는 정직한 태도에 홈즈는 기쁨으로 얼굴을 붉혔다. 그가 탐정술에 대해 칭찬을 받으면 여자들이 아름답다고 칭찬받을 때처럼 섬세하게 받아들인다는 것을 이미 눈치채고 있었다. "한 가지 더 말해주겠네." 그가 말했다.

□ ruse 속임수 □ divert 주의를 돌리다 □ conjuror 마술사 □ credit 인정, 칭찬 □ detection 추리술 □ utter 말하다 □ flattery 아첨, 칭찬

"Patent-leathers and Square-toes came in the same cab, and they walked down the pathway together as friendly as possible—arm-in-arm, in all probability. When they got inside they walked up and down the room—or rather, Patent-leathers stood still while Square-toes walked up and down. I could read all that in the dust; and I could read that as he walked he grew more and more excited. That is shown by the increased length of his strides. He was talking all the while, and working himself up, no doubt, into a fury. Then the tragedy occurred.

I've told you all I know myself now, for the rest is mere surmise and conjecture. We have a good working basis, however, on which to start. We must hurry up, for I want to go to Halle's concert to hear Norman Neruda this afternoon."

"에나멜가죽 구두와 끝이 각진 구두는 같은 마차로 왔고, 오솔길을 아마 팔짱까지 끼고 매우 다정하게 걸어 내려갔을 거야. 집안에 들어갔을 때 그들은 방안을 오르내렸어. 끝이 각진 구두가 오르내리는 동안 에나멜가죽 구두는 가만히 서 있었지. 난 이 모든 것을 먼지를 보고 알 수 있었어. 그리고 그가 걷는 동안 점점 흥분했다는 것도 읽을 수 있었네. 그의 보폭이 길어진 것을 보면 알 수 있어. 그는 내내 말하고 있었고, 스스로 격앙되다가, 분명 분노에 이른 거야. 그리고 비극이 일어난 거지.

내가 아는 것은 전부 말했네. 나머지는 추측과 짐작일 뿐이야. 하지만 우리는 수사를 시작할 기본적인 토대는 갖추었어. 서두르자고. 오늘 오후에는 노만 네루다의 연주를 들으러 할레의 음악회에 가고 싶거든."

□ tragedy 비극 □ mere 단지 □ surmise 추측 □ conjecture 짐작

This conversation had occurred while our cab had been threading its way through a long succession of dingy streets and dreary by-ways. In the dingiest and dreariest of them our driver suddenly came to a stand.

"That's Audley Court in there," he said, pointing to a narrow slit in the line of dead-coloured brick. "You'll find me here when you come back."

Audley Court was not an attractive locality. The narrow passage led us into a quadrangle paved with flags and lined by sordid dwellings. We picked our way among groups of dirty children, and through lines of discoloured linen, until we came to Number 46, the door of which was decorated with a small slip of brass on which the name Rance was engraved. On enquiry we found that the constable was in bed, and we were shown into a little front parlour to await his coming.

이 대화는 우리가 탄 마차가 지저분하고 음울한 골목들이 이어지는 긴 도로를 지나는 동안 나눈 것이다. 그중 가장 지저분하고 음울한 곳에서 마부가 갑자기 멈췄다.

"오드리 코트는 저 안쪽에 있습니다." 그가 어두운 벽돌 건물 사이의 좁은 틈을 가리키며 말했다. "돌아오시면 여기에서 뵙겠습니다."

오드리 코트는 그다지 매력적인 장소는 아니었다. 좁은 길을 따라가니 돌로 포장된 네모난 안뜰이 있었고 그곳은 지저분한 주택들로 둘러싸여 있었다. 우리는 지저분한 아이들의 무리를 지나 걸었고 색이 바랜 빨래들이 널린 줄을 지나 46번지 집에 도착했다. 그곳에는 랜스(Rance)라는 이름이 새겨진 작은 놋쇠판이 붙어 있었다. 물어보니 순경은 자고 있다고 하여, 우리는 작은 응접실로 안내되어 그를 기다리기로 했다.

□ thread 빠져나가다 □ succession 연속 □ dingy 지저분한 □ dreary 음울한 □ by-way 골목 □ come to a stand(standstill) 정지하다 □ slit 틈 □ locality 인근 □ quadrangle 사각형 안뜰 □ flag 판석 □ sordid 지저분한 □ dwelling 주택 □ slip 조각 □ brass 놋쇠 □ parlour 응접실, 객실

He appeared presently, looking a little irritable at being disturbed in his slumbers. "I made my report at the office," he said.

Holmes took a half-sovereign from his pocket and played with it pensively. "We thought that we should like to hear it all from your own lips," he said.

"I shall be most happy to tell you anything I can," the constable answered with his eyes upon the little golden disk.

"Just let us hear it all in your own way as it occurred."

Rance sat down on the horsehair sofa, and knitted his brows as though determined not to omit anything in his narrative.

"I'll tell it ye from the beginning," he said. "My time is from ten at night to six in the morning. At eleven there was a fight at the 'White Hart'; but bar that all was quiet enough on the beat.

곧이어 그가 나타났다. 잠을 깨워서 조금 화가 난 표정이었다. "보고서는 경찰서에 제출했습니다." 그가 말했다.

홈즈가 주머니에서 10실링 금화를 꺼내어 깊은 생각에 잠긴 듯이 그것을 만지작거렸다. "당신의 입으로 직접 들어보고 싶었는데요." 그가 말했다.

"제가 아는 한 뭐든지 기쁘게 알려드릴 수 있습니다." 순경은 그 작은 금화에 시선을 고정한 채 대답했다.

"그럼, 그날 일어난 일 그대로를 당신 방식으로 모두 말해 주세요."

랜스는 말총으로 된 소파에 앉아, 그의 이야기 중 어떤 것도 빼먹지 않겠다는 듯이 이맛살을 찌푸렸다.

"처음부터 말씀드리지요." 그가 말했다. "제 근무 시간은 밤 10시부터 아침 6시까지입니다. 열한 시에 '화이트 하트' 술집에서 싸움이 났지만 그걸 빼면 순찰 중인 구역들은 대부분 조용했습니다.

At one o'clock it began to rain, and I met Harry Murcher—him who has the Holland Grove beat—and we stood together at the corner of Henrietta Street a-talkin'. Presently—maybe about two or a little after—I thought I would take a look round and see that all was right down the Brixton Road. It was precious dirty and lonely. Not a soul did I meet all the way down, though a cab or two went past me.

I was a strollin' down, thinkin' between ourselves how uncommon handy a four of gin hot would be, when suddenly the glint of a light caught my eye in the window of that same house. Now, I knew that them two houses in Lauriston Gardens was empty on account of him that owns them who won't have the drains seen to, though the very last tenant what lived in one of them died o' typhoid fever.

1시에 비가 내리기 시작했고 저는 해리 머처라는, 홀랜드 그로브 구역을 순찰하는 순경을 만났지요. 저희는 헨리에타 스트리트 구석에 서서 같이 이야기를 했습니다. 그러다 얼마 안 돼서, 아마 2시쯤이거나 조금 지났을 때인데, 저는 브릭스턴 로드 구역에 이상이 없는지 돌아봐야겠다고 생각했습니다. 정말 지저분하고 한적했어요. 가는 길에 사람이라곤 한 명도 마주치질 않았지요, 마차 한두 대가 저를 지나치긴 했지만요.

걸어가면서, 이건 저희끼리니 하는 말이지만, 뜨거운 진 한 잔 마실 수 있다면 얼마나 좋을까 생각하던 참이었습니다. 그 순간 갑자기 그 집 창문에 불이 켜져 있는 것을 본 겁니다. 그런데 전 로리스턴 가든의 그 두 집이 빈집인 걸 알고 있었어요. 거기 집주인이 하수도 문제를 처리하지 않았기 때문이죠. 그중 한 집에 살던 이전 세입자가 장티푸스로 죽기까지 했는데 말이에요.

SHERLOCK HOLMES : A Study In Scarlet

□ precious 매우 □ uncommon 매우 □ handy 유용한 □ a four of 네 개의 (네 손가락 높이의, 또는 4페니짜리의) □ glint 반짝임 □ on account of ~때문에 □ drain 하수도 □ see to 처리하다, 손보다 □ tenant 세입자 □ typhoid fever 장티푸스

I was knocked all in a heap therefore at seeing a light in the window, and I suspected as something was wrong. When I got to the door——"

"You stopped, and then walked back to the garden gate," my companion interrupted.

"What did you do that for?" Rance gave a violent jump, and stared at Sherlock Holmes with the utmost amazement upon his features.

"Why, that's true, sir," he said; "though how you come to know it, Heaven only knows. Ye see, when I got up to the door it was so still and so lonesome, that I thought I'd be none the worse for some one with me. I ain't afeared of anything on this side o' the grave;

그러니 창문에서 불빛을 보니 너무 깜짝 놀라서, 뭔가 있는 게 아닌가 하고 수상하다고 생각했습니다. 그러고는 문에 다가갔을 때……"

"거기에서 멈췄다가 다시 정원 대문 쪽으로 걸어 나왔지요." 홈즈가 끼어들었다.

"그건 왜 그런 겁니까?" 랜스는 화들짝 놀라 뛰며, 극도로 놀란 표정으로 셜록 홈즈를 쳐다보았다.

"아, 맞습니다." 그가 말했다. "하지만 그걸 어떻게 아셨습니까? 아무도 모를 일인데. 그게 말이죠, 문 앞에 다다랐을 때 너무 고요하고 한적해서, 누군가 같이 있어 주면 나쁘지 않을 텐데 하고 생각했던 겁니다. 살아있는 것 중에는 아무것도 무서울 게 없지만요,

□ be knocked all in(of) a heap 깜짝 놀라서, 갑자기 □ violent 격렬한 □ utmost 극도의 □ amazement 놀라움 □ still 고요한 □ lonesome 외진 □ on this side of the grave 이승에서

but I thought that maybe it was him that died o' the typhoid inspecting the drains what killed him. The thought gave me a kind o' turn, and I walked back to the gate to see if I could see Murcher's lantern, but there wasn't no sign of him nor of anyone else."

"There was no one in the street?"

"Not a livin' soul, sir, nor as much as a dog. Then I pulled myself together and went back and pushed the door open. All was quiet inside, so I went into the room where the light was a-burnin'. There was a candle flickerin' on the mantelpiece—a red wax one—and by its light I saw——"

"Yes, I know all that you saw. You walked round the room several times, and you knelt down by the body, and then you walked through and tried the kitchen door, and then——"

저는 그때 장티푸스로 죽은 남자가 그를 죽게 한 하수도를 점검하고 있는 게 아닐까 하는 생각이 들었습니다. 그런 생각이 들자 약간 무서워져서 대문까지 다시 걸어갔던 거예요. 머처의 손전등이 있나 보려고요. 하지만 머처의 흔적도 없고 아무도 없더군요."

"거리에는 아무도 없었다고요?"

"살아있는 사람은 한 명도요, 개 한 마리도 없었어요. 그래서 전 정신을 가다듬고 다시 돌아가 문을 밀어서 열었어요. 집 안은 모든 게 조용했지요. 그래서 전 불이 켜져 있던 방으로 갔습니다. 벽난로 위 선반 위에서 양초가, 붉은 양초가 깜박거리고 있었어요. 그리고 그 불빛으로 제가 본 것은……"

"네, 무엇을 봤는지는 다 알고 있어요. 방 안을 몇 번이나 걸어 다니다가, 시체 옆에 무릎을 꿇고, 또다시 걷다가 부엌문을 건드려 보고, 그리고나서……"

John Rance sprang to his feet with a frightened face and suspicion in his eyes. "Where was you hid to see all that?" he cried. "It seems to me that you knows a deal more than you should."

Holmes laughed and threw his card across the table to the constable. "Don't get arresting me for the murder," he said.

"I am one of the hounds and not the wolf; Mr. Gregson or Mr. Lestrade will answer for that. Go on, though. What did you do next?"

Rance resumed his seat, without however losing his mystified expression. "I went back to the gate and sounded my whistle. That brought Murcher and two more to the spot."

"Was the street empty then?"

존 랜스는 깜짝 놀란 얼굴로 눈에는 의심이 가득 차서 벌떡 일어섰다. "어디에 숨어서 그걸 다 지켜보고 있었던 겁니까?" 그가 외쳤다. "그럴 수가 없는데 너무 많은 것을 알고 계신 듯합니다."

홈즈가 웃으며 테이블 위로 그의 명함을 순경에게 던졌다. "살인범으로 절 체포하진 마시지요." 그가 말했다.

"전 사냥개 중 하나이지 늑대는 아니랍니다. 그렉슨 씨나 레스트레이드 씨가 보증해 줄 겁니다. 그럼 계속 말씀해 보시지요. 그 다음엔 어떻게 했습니까?"

랜스는 자리에 다시 앉았으나, 여전히 혼란스러운 표정이었다. "전 대문으로 돌아가서 호각을 불었습니다. 그 소리에 머처와 다른 두 명이 더 왔고요."

"그때 거리에 인적이 없었나요?"

□ spring to one's feet 벌떡 일어서다　□ deal 많이　□ mystify 혼란스럽게 만들다　□ whistle 호각, 호루라기

"Well, it was, as far as anybody that could be of any good goes."

"What do you mean?"

The constable's features broadened into a grin. "I've seen many a drunk chap in my time," he said, "but never anyone so cryin' drunk as that cove. He was at the gate when I came out, a-leanin' up agin the railings, and a-singin' at the pitch o' his lungs about Columbine's New-fangled Banner, or some such stuff. He couldn't stand, far less help."

"What sort of a man was he?" asked Sherlock Holmes.

John Rance appeared to be somewhat irritated at this digression.

"He was an uncommon drunk sort o' man," he said. "He'd ha' found hisself in the station if we hadn't been so took up."

"His face—his dress—didn't you notice them?" Holmes broke in impatiently.

"글쎄요, 거리가 비어 있긴 했지요. 도움이 될 만한 사람은 적어도 없었다는 겁니다."
"무슨 뜻이지요?"
순경이 입을 벌려 활짝 웃었다. "제가 살면서 여러 취객을 보아왔지만" 그가 말했다. "그 남자만큼 만취해 있는 사람은 한 번도 못 봤습니다. 제가 밖으로 나왔을 때 그 남자는 대문 앞에 있었는데요, 울타리에 기대어 콜럼바인의 최신 유행 노래인가 뭔가를 목청껏 부르고 있었지요. 제대로 서 있지도 못했으니 도움이 될 리가 없었지요."
"그 남자는 어떤 사람이었습니까?" 셜록 홈즈가 물었다.
존 랜스는 본론과 관계없는 이야기에 다소 기분이 상한 것처럼 보였다.
"그는 무진장 취해 있었어요." 그가 말했다. "저희가 다른 일만 없었다면 바로 유치장에 들어갔을 겁니다."
"그의 얼굴은, 옷차림은? 제대로 보지 않았습니까?" 홈즈가 성급하게 끼어들었다.

□ broaden 넓어지다　□ grin 활짝 웃음　□ chap 남자(친근하게)　□ cove 남자　□ lean 기대다　□ railing 울타리　□ at the pitch of one's lungs(voice) 목청껏　□ new-fangled 최신 유행의　□ digression 여담　□ take up (with) 바쁘게 하다, 꽉 차다

"I should think I did notice them, seeing that I had to prop him up—me and Murcher between us. He was a long chap, with a red face, the lower part muffled round——"

"That will do," cried Holmes. "What became of him?"

"We'd enough to do without lookin' after him," the policeman said, in an aggrieved voice. "I'll wager he found his way home all right."

"How was he dressed?"

"A brown overcoat."

"Had he a whip in his hand?"

"A whip—no."

"He must have left it behind," muttered my companion.

"You didn't happen to see or hear a cab after that?"

"No."

"제대로 보긴 했습니다. 머처하고 둘이서 그 남자를 부축해 주었으니까요. 키가 큰 남자였는데 붉은 얼굴에 아랫부분은 감싸져 있었고……"
"그거면 됐습니다." 홈즈가 말했다. "그 남자는 어떻게 됐습니까?"
"그 남자를 신경 쓸 겨를이 없이 일이 많았습니다." 순경이 조금 억울한 듯한 목소리로 말했다. "틀림없이 집으로 잘 돌아갔을 겁니다."
"차림새는 어땠지요?"
"갈색의 긴 코트를 입고 있었습니다."
"손에는 채찍을 들고 있던가요?"
"채찍은, 없었습니다."
"그렇다면 두고 간 모양이군." 홈즈가 중얼거렸다.
"그 이후에 마차를 보거나 마차 소리를 듣거나 하진 않았습니까?"
"전혀요."

□ prop up 받쳐주다 □ muffle 감싸다 □ aggrieved 억울해하는 □ wager 틀림없이 ~일 것이다 □ mutter 중얼거리다

"There's a half-sovereign for you," my companion said, standing up and taking his hat. "I am afraid, Rance, that you will never rise in the force. That head of yours should be for use as well as ornament. You might have gained your sergeant's stripes last night. The man whom you held in your hands is the man who holds the clue of this mystery, and whom we are seeking. There is no use of arguing about it now; I tell you that it is so. Come along, Doctor."

We started off for the cab together, leaving our informant incredulous, but obviously uncomfortable.

"The blundering fool," Holmes said, bitterly, as we drove back to our lodgings. "Just to think of his having such an incomparable bit of good luck, and not taking advantage of it."

"여기 금화를 드리지요." 홈즈가 자리에서 일어나 모자를 집어 들며 말했다. "유감스러운 일이지만, 랜스 씨는 경찰 조직에서 출세하지는 못할 것 같습니다. 그 머리는 장식이 아니라 사용하기 위해 있는 것이랍니다. 지난밤 경사로 승진할 기회가 있었는데 말입니다. 당신이 부축해 준 그 남자가 바로 이 사건의 단서를 쥐고 있는 사람이자 우리가 찾고 있는 사람입니다. 뭐, 이제 와서 이런 말을 할 필요도 없지요. 그냥 그렇다는 걸 말씀드리는 겁니다. 왓슨, 그만 가세."

우리는 마차를 타러 함께 나왔다. 정보를 제공해 준 그 순경은 믿지 못하는 눈치였지만 분명히 불쾌했을 것이다.

"바보 같은 놈!" 홈즈가 화가 난 듯이 말했다. 숙소로 돌아가는 마차 안이었다. "생각해 보게. 그렇게 엄청난 행운을 잡고서도, 그걸 활용하지도 못하다니."

□ sergeant 경사 □ stripe 수장(제복 소매의 계급) □ informant 정보 제공자

□ incredulous 믿지 않는 □ blundering 실수하는, 바보같은 □ bitterly 비통

하게 □ incomparable 비할 데 없는 □ take advantage of 활용하다

"I am rather in the dark still. It is true that the description of this man tallies with your idea of the second party in this mystery. But why should he come back to the house after leaving it? That is not the way of criminals."

"The ring, man, the ring: that was what he came back for. If we have no other way of catching him, we can always bait our line with the ring. I shall have him, Doctor—I'll lay you two to one that I have him.

"난 여전히 모르겠군. 그 남자에 대한 묘사가 자네가 말한 사건의 제2의 인물과 일치하는 건 사실이네. 하지만 집을 떠난 후에 왜 다시 돌아왔단 말인가? 범인이라면 보통 그러지 않을 텐데."

"반지라네, 이보게, 반지! 그 남자가 돌아온 이유는 그거야. 그 남자를 잡을 별다른 방법이 없다면 반지를 미끼로 범인을 낚을 수 있어. 반드시 그를 잡고 말겠네. 2대 1로 내기를 해도 좋아.

I must thank you for it all. I might not have gone but for you, and so have missed the finest study I ever came across: a study in scarlet, eh? Why shouldn't we use a little art jargon.

There's the scarlet thread of murder running through the colourless skein of life, and our duty is to unravel it, and isolate it, and expose every inch of it.

And now for lunch, and then for Norman Neruda. Her attack and her bowing are splendid. What's that little thing of Chopin's she plays so magnificently: Tra-la-la-lira-lira-lay."

Leaning back in the cab, this amateur bloodhound carolled away like a lark while I meditated upon the many-sidedness of the human mind.

모든 건 자네 덕분이라네. 자네가 아니었다면 나 역시 가지 않았을 걸세. 그랬다면 평생 만나지 못할 가장 재미난 사건을 놓칠 뻔했어. 주홍색 연구, 어때? 예술 전문 용어를 조금 써 보는 것도 괜찮겠지?

살인이라고 하는 붉은 실이 무채색 삶의 실타래를 관통하고 있네. 우리의 의무는 그것을 풀어내는 것이야, 그걸 떼어내고, 한 치도 빠짐없이 드러내는 것이지.

그럼 이제 점심을 먹고, 노먼 네루다의 연주를 보러 가야겠군. 그녀의 바이올린 기법과 활 솜씨는 훌륭하다네. 그녀가 환상적으로 연주하는 그 쇼팽의 연주곡이 뭐였더라? 트라-라-라-리라-리라-레이."

마차 안에서 몸을 뒤로 기댄 채 이 아마추어 탐정이 종달새처럼 노래를 불렀고 그동안 나는 복잡하고 다면적인 인간의 정신에 대해 생각했다.

□ scarlet 주홍색, 빨간색 □ thread 실 □ skein 타래 □ unravel 풀다 □ isolate 분리하다 □ expose 드러내다 □ attack (바이올린 연주에서) 활을 움직이는 기법 □ meditate 생각하다

『셜록 홈즈 : 주홍색 연구』 뒷이야기

셜록 홈즈는 잃어버린 반지를 찾았다는 내용의 거짓 광고를 신문에 실어 범인을 유인한다. 광고를 보고 나타난 한 노인이 있었으나, 추적 과정에서 놓쳐버린다. 홈즈는 그 노인이 사실은 변장한 범인일 가능성이 크다고 판단하고, 런던의 길거리 소년들로 이뤄진 베이커가 특공대로부터 다양한 정보를 얻으며 사건을 추리해 간다.

그때 형사 그렉슨이 홈즈의 집을 찾아와 샤르팡티라는 인물을 범인으로 체포했다고 알린다. 이어 레스트레이드는 피해자의 비서 스탠거슨을 엉뚱하게 뒤쫓고 있다는 사실을 전하며 비웃는다. 그러나 곧 레스트레이드가 다시 찾아와, 스탠거슨이 살해되었다는 충격적인 소식을 전한다. 현장에는 이전과 마찬가지로 'R'이라는 글자가 쓰여 있었고, 두 개의 알약이 들어 있는 나무 상자가 발견되었다. 그 사실을 들은 홈즈는 기쁨을 감추지 못하며 사건이 해결되었다고 외친다. 두 알약을 시험한 결과, 그중 하나에는 독이 들어 있었다는 사실이 밝혀지고, 홈즈는 형사들에게 반드시 범인을 잡겠다고 약속한다.

형사들이 답을 하기도 전에, 베이커가 특공대 대표인 비긴즈가 문을 두드리며 나타나 홈즈에게 마차를 불러왔다고 알린다. 홈즈는 수갑을 꺼내 들며 마부에게 짐을 옮겨 달라며 위층으로 올라오라는 부탁을 전한다. 마부가 가방을 들어주려는 순간, 홈즈는 외친다.

"여러분, 이녹 J. 드레버와 조제프 스탠거슨을 살해한 범인, 제퍼슨 호프를 소개합니다!"

마부는 소리를 지르며 달아나려 했지만, 글렉슨과 레스트레이드, 그리고 홈즈가 동시에 달려들어 체포에 성공한다.

경찰청으로 이동하는 마차 안에서 제퍼슨 호프가 범행을 자백하기까지 이야기는 미국 땅 유타에서 일어나는 사건이 등장한다. 이때 '성자의 나라'라는 제목의 2부가 시작된다.

존 페리어라는 남성과 엄마를 잃은 어린 소녀 루시는 북아메리카의 황무지에서 죽을 위기에 처했다가 모르몬교 집단의 이주 행렬에 합류하여 구조된다. 그들은 약속의 땅에 도착해 정착하고, 마침내 솔트레이크라는 도시가 건설된다. 세월이 흘러 루시는 아름다운 여인으로 성장하고, 젊은 사냥꾼 제퍼슨 호프와 사랑에 빠진다. 루시의 양아버지가 된 존 페리어도 두 사람의 결혼을 허락한다. 그러나 호프가 마을을 떠나 있는 동안, 예언자가 찾아와 이교도와의 결혼은 허용할 수 없다고 경고한다. 존은 한 달의 시간을 달라며 호프에게 돌아와 달라는 편지를 보내고 탈출을 준비한다.

그때 드레버와 스탠거슨이 나타나, 아버지의 명령을 받고 왔다며 루시를 아내로 맞기 위해 구혼한다. 당시 모르몬교의 일부다처제 교리에 따라 드레버는 아내가 일곱 명, 스탠거슨은 네 명이 있는 상태였다. 분노한 존은 딸이 부르지 않는 한 다시는 집에 오지 말라며 쫓아낸 뒤 호프를 기다린다.

마침내 호프가 돌아오자 세 사람은 탈출에 성공하지만, 도망치는 길목에서 존은 살해당하고 루시는 납치된다. 루시는 이녹 드레버와 강제로 결혼하게 되고, 점점 쇠약해지다가 한 달도 채 못 되어 죽음을 맞는다. 장례 중 호프는 몰래 다가가 루시의 이마에 입을 맞추고 결혼반지를 빼내 달아난다.

이후 드레버와 스탠거슨은 호프의 끈질긴 추적에 시달린다. 총알이 창문을 뚫고 날아들거나, 머리 위로 바위가 굴러떨어지는 위협이 이어졌다. 그러나 시간이 흐르며 경계심이 느슨해지는 사이, 호프는 광산에서 수년 동안 자금을 모은 뒤 다시 추적을 시작한다.

결국 그는 두 사람의 행적을 쫓아 미국 오하이오 클리블랜드에서 러시아의 수도 상트페테르부르크, 파리, 덴마크의 수도 코펜하겐을 거쳐 마침내 런던에까지 도달한다.

런던에서 일어난 일은 제퍼슨 호프가 직접 자백한다. 그의 진술은 홈즈가 이미 추리해 낸 과정과 정확히 일치했다. 그러나 호프는 병으로 옥중에서 숨을 거두고 만다. 사건의 공적은 형사 그렉슨과 레스트레이드에게 돌아가 표창장이 수여되었다는 사실이 신문에 보도된다. 하지만 왓슨은 홈즈의 추리가 결정적인 역할을 했음을 기록으로 남겨 세상에 알리기로 한다.

이렇게 기록된 왓슨의 회고록이 바로 셜록 홈즈 시리즈의 출발이 된 〈주홍색 연구〉인 것이다.

원문의 문체를 최대한 살리면서도 현대 독자가 이해하기 쉬운 번역

셜록 홈즈 원문은 19세기 영국 영어로 쓰여 있어, 문장이 길고 표현이 고풍스럽습니다. 이를 고려하여 문장의 결을 유지하되, 한국어 문장 구조에 맞게 자연스럽게 옮겼습니다.

영어 학습자의 시각에서 접근한 번역

단순한 직역이 아니라, 문장의 의미를 제대로 파악할 수 있도록 문법·어휘 설명이 포함된 번역을 지향했습니다.

필사 학습에 최적화된 구성

단순한 번역서가 아니라, 필사하면서 문장을 곱씹고 분석할 수 있도록 필요할 때마다 핵심 단어, 문법 요소를 덧붙였습니다.

번역은 되도록 원서의 내용과 순서에 일치하게 번역하였습니다. 영어로는 긴 하나의 문장을 두 개나 세 개의 문장으로 쪼개어 번역하기도 하였습니다. 또한, 영어적 사고를 훈련할 수 있기를 바라며 모든 문장을 지나칠 정도로 '문장 끝부터 문장 앞' 순서로 뒤바꾸어 번역하지는 않았습니다.

예를 들어, 다음과 같은 영어 문장은 '문장 끝부터 앞'까지의 순서로 한국식으로 번역(의역)하면 훨씬 자연스럽게 들립니다. 하지만, 영어 공부를 위하여 문장을 분석하는 데는 도움이 되지 않을 것입니다. 그렇다고 문장을 단순하게 직역하게 된다면 너무 딱딱하고 재미가 없겠지요. 그렇기 때문에 본 책의 번역은 문장이 매끄럽게 읽힐 수준의 의역과, 영어 공부하기 좋을 정도의 직역이 섞인 형태입니다. 아래의 예시를 참조하면 이해가 더 쉬울 것입니다.

원문

On these occasions I have noticed such a dreamy, vacant expression in his eyes, that I might have suspected him of being addicted to the use of some narcotic, had not the temperance and cleanliness of his whole life forbidden such a notion.

의역

이런 때마다 나는 그의 눈에서 몽롱하고 텅 빈 표정을 보아서, 만약 그의 삶 전체가 절제와 청결로 가득하지 않았더라면 어떤 마약에 중독된 것으로 의심했을지도 모른다.

직역

이런 때에 나는 그의 눈에서 몽롱하고 텅 빈 표정을 보아서, 나는 그가 어떤 마약 사용에 중독되었을지도 모른다고 의심했을지도 모른다. 만약 그의 삶 전체의 절제와 청결함이 그런 생각을 금하지 않았다면 말이다.

본 책의 번역

이런 상황이 올 때마다 나는 그의 눈에서 몽롱하고 텅 빈 감각을 느낄 수 있었는데, 나로서는 그가 마약에 중독된 것으로 생각할 뻔했다. 그의 생활에서 보여준 절제와 청결이 내 생각을 막지 않았더라면 말이다.

또한, 셜록 홈즈 시리즈는 그 명성에도 불구하고 오역이 많은 책 중 하나입니다. 번역 과정에서 오역이 발생하지 않도록 면밀히 조사하고 연구하였으며, 영국인 번역 감수자에게 영국식 표현 및 어휘에 대해서도 번역 과정 내내 문의하고 전체적으로도 감수를 부탁하였습니다. 19세기 영국 정서와 문화에 대한 이해와 조사를 바탕으로 번역했지만, 영어를 공부하는 한국 독자들에게 굳이 설명하지 않아도 되는 부분은 매끄럽게 넘길 수 있도록 했습니다. 예를 들어 '프로페셔널 뷰티'라는 직업은 유럽과 미국의 19세기 초상화나 작품의 모델로 활동하던 여성을 뜻합니다. 현대적으로 해석하면 인플루언서와 비슷하겠지만 '인기 초상화 모델' 정도로 번역하였습니다.

손끝으로 채우는 영어 필사 시리즈 1

셜록 홈즈 : 주홍색 연구 영어 필사
A Study In Scarlet

초판 1쇄 발행　2025년 10월 30일

지 은 이　아서 코난 도일
역　　자　윤정
펴 낸 이　최수진

편　　집　최수진
디 자 인　cc. design

펴 낸 곳　세나북스
제　　작　넥스트 프린팅
출 판 등 록　2015년 2월 10일 제300-2015-10호
주　　소　서울시 종로구 통일로 18길 9
홈 페 이 지　http://blog. naver. com/banny74
이 메 일　banny74@naver. com
전 화 번 호　02-737-6290
팩　　스　02-6442-5438

I S B N　979-11-93614-27-3 13740